현대중국어 명사 주어의 조응 방식 연구

중국언어학연구총서 3

# 현대중국어 명사 주어의 조응 방식 연구

杜 艶 冰

역락

# 〈중국언어학연구총서〉를 펴내며

우리에게 중국에 대한 연구가 중요하다는 것은 새삼 강조할 필요가 없습니다. 그럼에도 정치외교학이나 경제학적인 연구에 비해 인문학적인 중국 연구는 아직 부족한 편입니다. 인문학의 한 분야인 중국언어학 분야 역시 아직 가야할 길이 멉니다. 중국언어학연구는 그동안 비약적으로 발전해왔습니다. 우리나라에서 중국언어학 연구가 시작된 이후 최근까지의 중국 언어에 대한 연구는, 중국어를 어떻게 가르칠 것인가에 초점을 둔 실용적이고 기능적인 측면이 강했습니다. 그러나 중국에 대한 이해의 중요성이 커지면서 중국어 교육이라는 실용적 측면 외에 중국어 자체의 특성과 그러한 특성을 만들어내는 중국인의 사유방식을 이해하려는 노력이 중요해지고 있습니다. 그래서 중국의 언어 연구는 과거의 구조분석 중심에서 출발하여 의미를 중심으로 한 탐구, 인지적 접근, 유형론적 연구 등 다양한 연구가 시도되고 있습니다.

또한 현대중국어는 물론 고대중국어에 대한 연구도 계속되고 있습니다. 현대중국어의 모습이 현대라는 시점에서만 만들어진 것이 아니며 고대로부터 이어진 문화적, 언어적 전통의 연속선상에 있다는 점에서 고대중국어에 대한 연구는 중요합니다. 결국 고대중국어에 대한 연구는 중국인의 사유를 이해하는 중요한 한 측면이며 바로 현대 중국을 이해하는 것이 되는 것입니다.

이번에 간행되는 <중국언어학연구총서>는 이와 같은 최근 중국의 언어에 대한 연구 성과를 반영하고 있습니다. 특히 국내외의 연구 성과를 잘 알 수 있는 중국언어학 분야의 박사논문이 그 주요 대상이 될 것입니다. 이 총서의 간행을 통해 중국언어학 연구가 처해있는 현실을 살펴보고 향후 어떤 연구가 이루어져야 하는지 등에 대한 학계의 논의가 더 활발해지기를 기대해봅니다.

출판계의 힘겨운 여건 속에서 이러한 연구총서를 간행한다는 것은 매우 용기있는 일입니다. 그럼에도 학문의 발전에 대한 열정으로 이 일에 나서주신 역락출판사의 이대현 사장께 고마움을 전하고자 합니다.

2014년 12월

기획위원

연세대학교 중문과 교수 김현철

서울대학교 중문과 교수 박정구

서울대학교 중문과 교수 이강재

## 머리말

중국어는 항상 수의성(隨意性)이 강하다는 느낌을 학습자나 심지어 교육자에게도 준다. 예를 들면, 한 글자나 단어를 이 위치에 놓아도 되고 다른 위치에 놓아도 되거나, 어순을 이렇게 말해도 되고 저렇게 말해도 된다. 그리고 대부분의 문법 규칙은 일반적인 상황을 설명한 것으로 항상 '예외'가 따로 있다. 또 주어 위치에 명사 형식으로 나타난 후 후행 문장에 조응 형식의 선택에는 개인 차이가 많고 수의적으로 사용할 수 있는 것으로 보인다. 이러한 현상이 종종 발생하여 중국어 학습자에게 많은 어려움을 주게 된다. 일부 중국 학자들이 이에 대해 '의합(意合)'이란 해석을 내 놓기도 했는데 중국어의 특징을 묘사하였지만 이는 교육과 학습에 전혀 도움이 되지 못하였다. 특히 주어 조응 문제에 대해 많은 학자들이 Topic Chain(화제 연쇄)란 관점을 받아들이기는 하지만, 화제 연쇄는 독자의 관점에서 출발하여 관찰된 텍스트 현상이며 의미상 모호한 개념이다. 이 관점은 한 화제 연쇄가 어디에서 끝나는지, 그리고 각 조응 형식이 어떤 텍스트 조건이 있어야 되는지를 정확하게 설명하지 못한다. 이 역시 교육과 학습에 도움이 되지 않는다. 그래서 주어 조응 문제에 대한 교육과 학습에 도움이 될 수 있는 명확한 분석과 설명, 그리고 그 안에 숨어 있는 규칙을 밝히는 것이 이번 연구의 동기가 되었다.

나는 한국어를 배우면서 한국어와 중국어의 공통점과 차이점을 많이 발견했고 그 차이점의 원인에 항상 흥미를 갖고 있었다. 한국 대학생을 대상으로 중국어를 가르치면서 한국인 학습자를 위해 한국어와 중국어의 대조 연구도 절실하게 필요하다는 것을 자주 느꼈다. 그래서 이번 연구는 언어 대조의 시각으로 들어가서 한국어와 중국어의 차이점을 단서로 연구를 전개하였다. 또, 인지적, 심리적 이론에 근거하여 중국어 텍스트를 분석하였고 의미적, 화용적, 사회언어학적 등 다양한 측면에서 주어 조응 문제를 고찰하였다. 마지막 연구 결론으로 의미 단위란 개념을 제시하였고 중국어의 기본 조응 모델을 도출하였다. 이 연구 결과는 교육자와 학습자에게 기초적인 자료를 제공하여 언어를 교육하고 학습하는 데 도움을 줄 수 있으리라 사료된다.

연구를 진행하는 과정에 지도교수 이강재 교수님께서 좋은 지적을 많이 해주셨고 바쁘신데도 불구하고 한국어 첨삭도 꼼꼼하게 봐 주셨다. 박사 학위 논문 심사 위원인 허성도 교수님, 오수형 교수님, 박정구 교수님, 김현철 교수님께서도 좋은 의견을 많이 주셨다. 그리고 송용준 교수님, 이윤희 선생님, 박수빈 님께서 내가 잘못 쓴 한국어 문장을 일일이 고쳐 주셨고 논문 전체를 수정해 주셨다. 논문을 책으로 편집하는 과정에 역락출판사 이소희 선생님께서 교정을 해 주시면서 많은 도움을 주셨다. 이 많은 분께 깊은 고마움을 전한다.

이번 연구를 하는 동안 둘째 아이가 태어났다. 연구를 진행하면서 아이를 돌보아야 되기 때문에 많은 어려움을 겪었지만 친정어머니께서 고향인 중국 닝보(宁波)에서 한국에 오셔서 거의 3년 동안 아이들을 돌봐 주셨다. 어머니께서는 한국말을 전혀 못하심에도 불구하고 나를 위해 이국 땅에서 외로움과 불편함을 감수하셨다. 게다가 내 한국어는 여전히 미숙하여 책을 한국어로 작성하는 데 여간 힘들지 않았는데 남편이 많은 도움을 주었고 늘 나를 지지해 주었다. 어머니와 남편의 도움이 없었다면 나는 이 책을 쓰지 못했을 것이다. 이 책을 어머니와 남편에게 바치고 싶다.

2014년 8월 10일

杜艳冰

# 차 례

# 제1장

# 언어 대조의 시각에서 본 조응 연구

## 1. 중국어와 한국어의 주어 조응 차이

중국어와 한국어, 영어 등 다양한 언어의 텍스트에서 주어 위치에 명사가 출현한 후, 후속하는 문장에서 다시 동일한 사람이나 대상을 지시해야 하는 경우가 있다. 이때 후속 문장에서 앞에 이미 등장한 사람이나 대상을 나타낼 때 동일한 어휘를 그대로 반복하여 사용하는 경우도 있지만, 때로는 대명사를 사용하거나 영형대명사[1] 등 기타 여러 가지 형식을 사용하기도 하는데 이러한 현상을 조응이라고 한다. '조응(anaphora)'이란 한 표시어가 앞에 이미 나타난 어떤 표시어를 통해서 자신의 의미를 얻게 되는 과정 혹은 결과를 말한다. 구체적으로 말

---

1) 영어 'zero form'은 한국어와 중국어에서 영형(零形)이라고 부른다. 이는 자귀대명사, 지시대명사 등과 같이 대명사의 한 가지 형식이므로 영형대명사(zero pronoun)라고도 부른다. 이 글에서는 영형대명사란 명칭을 사용한다.

中國言語學研究叢書 3

하면, 한 언어 표시 형식(항상 간략한 형식)은 같은 텍스트에서 다른 언어 표시 형식이 지칭한 사물이나 의미를 다시 지칭한다는 것이다. 여기서 앞에 먼저 나타난 언어 표시 형식은 선행어(antecedent)이고, 뒤에 간략한 형식으로 나타나는 표시 형식은 조응어(anaphor)이다. 선행어와 조응어는 모두 지칭어(referring expressions)에 속해서 사람이나 사물, 혹은 관점 등 구체적 혹은 추상적인 실체를 지칭한다. 지칭어는 고유명사, 지시사＋명사, 지시사, 대명사, 영형대명사 등 여러 형식을 포함하는데, 주어 위치에 있는 명사 선행어에 대해 후행글에서 대명사 조응이나 영조응, 그리고 명사반복 조응의 방식이 가장 자주 쓰인다.

주어 위치에 있는 명사 선행어에 대해 후행글에서 어떤 조응어가 선택되느냐는 각 언어에 따라 차이를 보인다. 중국어와 한국어에서는 선행어를 중복하거나 대명사를 사용하기보다는 추측 가능한 어휘를 생략하는 영조응(zero anaphora)[2] 형식이 자주 사용된다는 점에서 유사한 경향이 있다. 그런데 실제 중국어와 한국어 두 언어에서 주어 위치의 영조응, 인칭대명사 조응(pronominal anaphora) 및 명사반복 조응(repeated-noun anaphora)[3]은 서로 다른 양상을 보인다. 다음을 통해 두 언어에서 세 가지 조응 방식이 어떻게 다르게 나타나는지를 살펴보자.

---

2) 조응은 대용이라고도 한다. 영조응은 생략이라고도 하지만 양자 간에는 차이가 있다. 영조응이라는 것은 반드시 선행글에 선행어가 있다는 뜻이지만, 생략은 꼭 선행어가 있는 것이 아니라 텍스트 맥락이나 대화의 환경에 의해서 생략도 가능하다.
3) 지시사조응, 재귀사조응, '지시사＋명사'형식의 조응은 이 글의 연구 범위에 포함되지 않는다.

(1) 저의 <u>어머니</u>는 올해 마흔 두 살이십니다. *어머니*의 고향은 강
원도의 한 小邑인데, <u>어머니</u>는 아홉 살 때까지만 거기서 사시
고 그 이후에는 줄곧 서울에서 사셨다 합니다. (이익섭, 채완,
1999)

(2a) <u>母亲</u>喝了茶, 脱了刚才上街穿的袍罩, 盘腿坐在炕上。<u>她</u>抓些铜
钱当算盘用, 大点儿的代表一吊, 小点的代表一百。(老舍, ≪正红旗
下≫)
어머니는 차를 드시고는 방금 나가셨을 때 입으셨던 외투를
벗고, 방구들에 책상다리를 하고 앉으셨다. 어머니는 동전을
집어 들어 주판으로 삼으셨는데, 큰 동전을 1,000전, 작은 동
전을 100전으로 치셨다.[4]

(2b) <u>母亲</u>喝了茶, 脱了刚才上街穿的袍罩, 盘腿坐在炕上。<u>母亲</u>抓些
铜钱当算盘用, 大点儿的代表一吊, 小点的代表一百

(2c) *[5]<u>母亲</u>喝了茶, <u>母亲</u>脱了刚才上街穿的袍罩, <u>母亲</u>盘腿坐在炕
上。
<u>母亲</u>抓些铜钱当算盘用, 大点儿的代表一吊, 小点的代表一百。

 

(1)을 보면, 한국어 텍스트 중 명사 선행어 '어머니'에 대해 후행
글에서 '어머니'를 명사 조응어로 계속 사용하고 있다. 이처럼 신
행어 '어머니'에 대해 인칭대명사 '그녀'를 조응어로 사용할 수 없
는 것이 한국어의 특징이다. 이와 달리, 중국어 (2a)를 보면 같은
명사 선행어 '母亲'에 대해 후행글에서 계속 인칭대명사 '她'를 조
응어로 사용하고 있다. 만약 (2b)처럼 인칭대명사가 사용된 곳에 명
사 '母亲'을 사용하게 되면 (2a)와 의미 전달에 있어 조금 다른 느낌

---

4) 중국어 예문을 한국어로 번역할 때 자연스러운 한국어가 되도록 의역하였다. 이 글에
  있는 모든 중국어 예문의 한국어 번역은 이러한 원칙에 따른다.
5) '*'는 '비문법적(ungrammatical)'임을 표시하는 부호로 문장이 성립되지 않음을 뜻한다.

을 줄 수 있을 것이다.

결국, (1)과 (2a)는 다음의 두 가지 문제를 제시하고 있다. 1. '어머니'에 대해 한국어에서 인칭대명사 조응을 사용할 수 없게 만드는 요인은 무엇인가? '어머니'외에 또 어떤 신분을 가진 자에게 이런 제약이 적용되는 것인가? 2. 중국어에서는 '어머니'에 대해 비교적 자유롭게 인칭대명사 조응을 사용할 수 있는데 이는 무엇 때문인가? 혹시 역사적으로 고찰해 보면 어떤 변화가 있지 않을까?

다음으로, (2a)와 (2b)에서 제시된 문제는 다음과 같다. 중국어에는 명사 선행어 '어머니'에 대해 후행글에서 인칭대명사 조응이나 명사 조응을 모두 사용할 수 있지만 서로 다른 의미를 전달하게 된다면 이는 과연 어떤 점에서 차이가 있는 것인가? 그리고, 인칭대명사 조응과 명사 조응 두 가지 조응 방식 중 어느 것이 정상적으로 쓰인 것인가? 만약 인칭대명사 조응이 정상이라면 명사 조응을 사용하는 이유는 무엇인가?

또 (2c)를 보면, 중국어에서 만약 한국어처럼 명사반복 조응 '母親'을 계속 사용하게 되면 비문이 된다. 여기서 다음과 같은 문제가 제기된다. 왜 명사 선행어에 대해 연속적으로 명사반복 조응을 사용할 수 없는 것인가? 여기에는 어떤 제약이 있는 것일까? 과연 한국어에서는 이런 제약을 받지 않는 것인가?

다음 예문을 보자.

(3) 강호 : 네가 보기엔 <u>송 이사</u>가 어떤 사람이냐?
　　봉삼 : 건 왜?

강호 : 이번 일 <u>송 이사</u>도 관련있지? 너하고 <u>송 이사</u>가 한 일을
　　　 내가 다 뒤집어 쓴거지?

봉삼 : 미안하다.

강호 : 널 이용해서 <u>송 이사</u>가 컴백한거냐? (드라마, <신입사
　　　 원>, 2005)

(4a) 秘书 : 书记, 实在对不起, 是<u>欧阳董事长</u>的事, <u>他</u>来了三次电话
　　　　 了, 说要马上见您, 如果我不马上回答<u>他</u>哪, <u>他</u>就要到市
　　　　 委来。(电视剧, ≪乔省长和他的女儿们≫, 2008)

비서 : 서기님, 정말 죄송한데, 欧阳사장님의 일이에요, 欧阳
　　　 사장님께서 전화를 세 번 하셨는데, 바로 서기님을 만
　　　 나야 한답니다. 제가 빨리 답하지 않으면, 欧阳사장님
　　　 께서 바로 시위원회로 오실 겁니다.

(4b) * 秘书 : 书记, 实在对不起, 是<u>欧阳董事长</u>的事, <u>欧阳董事长</u>来
　　　　　 了三次电话了, 说要马上见您, 如果我不马上回答<u>欧阳
　　　　　 董事长</u>哪, <u>欧阳董事长</u>就要到市委来。

(3)을 보면 한국어 대화에서 '송 이사'라는 명사가 반복해서 사
용되었다. 여기서 만약 '송 이사'를 대신하여 내명사 조응 '그'를
사용하였다면 오히려 어색하고 자연스럽지 못할 것이다. 반면 중국
어 대화에서는 비슷한 사회적 지위를 가지고 있는 '欧阳董事长'이
란 명사 선행어에 대해 대명사 조응 '他'를 사용하였다. 만약 (4b)
처럼 대명사 조응을 사용하지 않고 명사 조응으로 반복하여 사용
하였다면 오히려 비문이 되었을 것이다. 그리고, (4a)의 한국어 번
역문을 보면, '서기'에 대해 '당신, 그대' 등과 같은 2인칭 대명사
조응을 쓰지 않고 명사반복 조응 '서기님'을 쓰고 있다. 이를 토대

로 보면, (3)과 (4)에서 제시된 문제는 다음과 같다. 1. 비슷한 명사 선행어의 경우 왜 한국어에서는 명사반복 조응을 사용하는 것이 알맞은가? 또한 왜 중국어에서는 한국어와 같이 명사반복 조응을 사용하지 않고 2인칭, 3인칭대명사 조응을 사용해야 하는가? 두 언어는 각각 어떤 요소의 영향을 받아서 이런 차이가 나타나게 된 것인가? 2. (4a)처럼 중국어 문장 중 명사를 반복하여 조응을 사용하는 것이 자연스럽지 않다면 과연 중국어에서는 명사 선행어에 대해 명사반복 조응을 사용할 수 없는 것인가? 만약 사용할 수 있게 한다면 어떤 조건이 갖추어져야 하는가?

다음 예문을 보자.

> (5) 그런데 <u>그 할머니</u>i는 사람만 칭찬하는 게 아니다. Øi⁶⁾어쩌다 한 번씩 가게에 들어가면 이 떡은 이래서 맛있고 저 떡은 저래서 맛있다며 떡이 마치 자식인 양 자랑하느라 Øi 정신 없고, Øi 심지어 가게 앞 은행나무까지 저 나무는 해마다 은행도 풍성히 열리고 낙엽 색깔도 특별히 예쁘다고 칭찬하신다. (한비야, <그건, 사랑이었네>)
>
> (6) <u>伊牧师</u>离着这个小红门还老远, Øi就把帽子摘下来了。Øi擦了擦脸上的汗, Øi又正了正领带, Øi觉得身上一点缺点没有了, Øi才轻轻的上了台阶。Øi在台阶上又站了一会儿, Øi才拿着音乐家在钢琴上试音的那个轻巧劲儿, Øi在门环上敲了两三下。(老舍, ≪二马≫)
>
> 伊목사는 그 작은 붉은 문으로부터 아직 멀리 떨어진 곳에서

---

6) Ø : 주어 선행어에 대해 영조응을 사용하는 표시. i : 선행어와 조응어가 지칭하는 대상을 표시한다. Ø와 i란 기호는 원문에 없는데 설명의 편의상 첨가하였다. 이는 이 글의 모든 예문에 적용된다.

모자를 벗었다. 얼굴의 땀을 닦고, 넥타이를 바로 매어 아무 문제가 없다고 안심하고 나서야 가볍게 계단을 올라갔다. 계단에서 잠시 머뭇거린 다음, 음악가가 피아노의 음을 시험해 보기 위해 살짝 건반을 두드리듯이 문에 노크를 두세 번 했다.

(5)를 보면, 한국어 텍스트에 명사 선행어 '그 할머니'에 대해 후행글에서 세 번 영조응을 사용하였고, (6)을 보면 중국어 텍스트에 명사 선행어 '伊牧師'에 대해 후행글에서 계속 영조응을 사용하였다.

(5)와 (6)에서 제시된 문제는 다음과 같다. 1. 한국어와 중국어에서 명사 선행어에 대해 영조응을 사용할 수 있는 텍스트 환경은 같은 것인가? 만약 다르다면 각각 무엇이고 또 무슨 차이가 있는가? 2. 영조응 대신 명사 조응이나 대명사 조응도 사용 가능한가? 만약 가능하다면 어떤 규칙 혹은 어떤 제약을 받는가?

다음 예문을 보자.

(7) 유민 : 지애i야, 방학 동안 잘 지냈어? øi어떻게 지냈어?

　　지애 : øi 한국에 갔다 왔어. 마침 좋은 전시회가 있어서 øi선시회가 열리는 박물관에 여러 번 갔었어.

　　유민 : 네가 간 전시회는 어떤 전시회였어?

　　지애 : 국립중앙박물관에서 '한국 미술 5천년 전'이라는 전시회가 열렸어. 하루종일 다녀도 다 볼 수가 없어서, øi 사흘 연속으로 박물관에 갔었지.

　　刘闵 : 智爱, 假期过得好吗？你是怎么过的呀？

　　智爱 : 我回了一趟韩国。那时候刚好有一个不错的展览，我去了举办那个展览的博物馆好几次呢。

　　刘闵 : 你去看的是什么展览？

智爱：是在国立中央博物馆举行的叫"韩国美术五千年"的展览.
看一整天都看不完, 所以我连着去了三天博物馆. (≪韩国
语3≫, 北京民族出版社, 2004)

　(7)의 대조에서 볼 수 있듯이 한국어 대화에서는 주어 위치의 명사 선행어 '지애'에 대해 인칭대명사 조응을 한 번도 사용하지 않고 영조응만 사용했다. 반면 중국어 번역문에서는 상응하는 곳에 인칭대명사 조응을 사용하였고 영조응은 한 번도 나타나지 않았다. 한국어 대화 원문에 영조응의 표기 'Ø'으로 표시된 곳에 인칭대명사 조응도 사용할 수 있지만 영조응을 사용하는 것이 더 자연스럽다. 반면에 중국어 번역문에서는 인칭대명사가 사용된 곳에 영조응을 사용할 수 없거나 사용을 하더라도 어색한 느낌이 들 수 있다. 이 예문을 기준으로 보면 다음과 같은 문제를 발견할 수 있다. 1. 대화에 같은 내용을 서술할 때 한국어가 중국어보다 영조응을 더 많이 사용한다. 그렇다면, 한국어에서 영조응을 더 자유롭게 사용할 수 있는 환경은 무엇인가? 2. 왜 중국어에서는 상응하는 곳에 인칭대명사 조응을 사용해야 하는가? 그리고 이는 어떤 요소의 영향을 받는 것인가?

　앞에서 볼 수 있듯이 한국어와 중국어의 텍스트나 대화에서는 명사반복 조응, 대명사 조응, 그리고 영조응의 사용에 있어서 공통점도 있지만 실제로는 서로 아주 다른 모습을 보여 주고 있다. 이 글은 중국어를 중심으로 한국어와의 차이점을 대조하여 그 원인과 용법에 대한 분석을 진행함으로써 중국어 텍스트 중 명사반복 조응, 대명사 조응과 영조응의 사용 규칙 및 기본적인 조응 모델을 도출하고자 하는 것이 주요 연구 목적이다.

중국어와 한국어의 조응 방법에는 매우 상이한 차이가 있지만, 현재 두 언어 사이의 조응 용법에 대한 연구가 거의 없기 때문에, 중국어를 학습하는 교육적인 면에서도 간과되고 있다고 말할 수 있다. 예를 들면, 2004년에 북경대학교에서 출판된 교재 ≪初级汉语口语≫ 중 인칭대명사를 학습하는 단계에서 '您'은 단순히 2인칭 존칭 형식이고, 3인칭 대명사 '他', '她', '它'는 글자, 발음, 그리고 뜻을 소개하는 것에 한정된다. 현재 중국어 교육에서 대명사는 문장 성분에 제한된 활용법만 주로 소개되어, 중국어 학습자들이 이를 활용하는 부분에서 오류가 자주 발생한다. 왜냐하면 대명사는 하나의 문장을 넘어, 후속 문장과의 연관성이나 동일한 주제를 다룬 텍스트 전체의 포괄적 차원에서 다루어야 할 통사 성분이기 때문이다. 한국인 중국어 학습자도 비슷한 문제를 품고 있다. 게다가, 한국어의 3인칭 대명사 '그, 그녀'는 문어체 텍스트나 대화체 텍스트에서 자주 사용되지 않기 때문에 모국어의 영향을 받은 중국어 학습자에게 혼란을 줄 수 있다. 아래 예문들은 한국인 학습자들이 명사 조응의 용법을 잘못 사용한 것이다.

(8a) * 但恩京的家庭环境跟我家不一样, 恩京的家庭很富有。恩京以前告诉我, 她的父母结婚八年才得女儿, 所以恩京没有兄弟姐妹。恩京家的财产大约有十几亿左右。

(8b) (수정후) 但恩京的家庭环境跟我家不一样, 她的家庭很富有。她以前告诉我, 她的父母结婚八年才得女儿, 所以她没有兄弟姐

妹。她家的财产大约有十几亿左右。

하지만 은경이의 가정 형편은 우리 집과 달라서, (은경이네는) 매우 부유했다. 은경이는 이전에 나에게 자신은 부모님이 결혼한 후 8년 만에 얻은 무남독녀여서 형제자매가 없고, 자기 집의 재산은 대략 십 몇 억 정도라고 말했었다.

(8a)는 주어 위치에 선행하는 명사를 후속 문장에서 명사를 반복적으로 조응하는 방식으로 작문한 것인데 이는 (8b)와 같이 선행하는 명사 성분에 대응하는 대명사 조응이나 영조응의 형식으로 사용해야 한다. 그렇다면 한국인 학습자의 이러한 오류는 어떤 영향에 의해 발생하는 것인가? 한국인 학생의 중국어 작문 중 다른 오류를 아래 예문을 통해 확인해 보자. (9a), (9b)는 黄玉花(2005)에서 나온 예문들이다.

(9a) * 总的来说, 珍岛狗都是韩国国宝。非常勇敢而聪明, 又顺从主人, 所以人们都很喜欢它。

(9b) (수정후) 总的来说, 珍岛狗都是韩国国宝。它非常勇敢而聪明, 又顺从主人, 所以人们都很喜欢它。

간단히 말해서, 진돗개는 한국의 국보이다. 용감하고 총명한데다 주인에게도 매우 순종적이어서, 사람들이 모두 좋아한다.

(9a)는 선행어 '진돗개'의 속성에 대한 설명으로 후행글의 주어 위치에는 영조응 방식을 택하여 주어를 생략한 통사 구조인데 (9a)는 (9b)처럼 후속 글에 대명사 조응어 '它'를 사용해야 텍스트가 자연스럽게 연결된다. 이러한 예문은 대명사 조응이나 명사반복 조응

을 사용해야 되는데 영조응을 사용한 오류로 중국어 텍스트 중 영
조응 사용 방법과 대명사 조응 사용 방법에 대해 아직까지 제대로
된 연구가 되지 않았기 때문에 중국어를 학습하는 외국 학생들이
자주 범하게 된다. 게다가 중국어를 가르치는 교사들은 대개 어감
에 의존하여 학생들을 지도하기 때문에 중국어 학습자에게 명료한
차이를 제시하지 못한다. 그러므로 대명사 조응과 영조응을 어떻게
사용해야 하는지에 대한 연구는 매우 중요하다 할 수 있겠다.

뿐만 아니라, 중국어를 한국어로 번역, 혹은 한국어를 중국어로
번역하는 데도 많은 문제점이 보인다. 아래의 예문은 박명애(2004)
가 옮긴 모옌(莫言)의 장편소설 ≪丰乳肥臀(풍유비둔1)≫의 한국어 번
역본 가운데 일부이다.

> (10) 서우시i는 아무리 생각해봐도 언제 어디에서 그들을 건드렸
> 는지 알 수가 없었다. 그i는 사람이 담장을 타고 있고 개들이
> 담장 아래에 엎드려 있는 그런 자세를 당하면 자신에게 나쁜
> 운수가 곧 닥쳐온다고 생각했다. 비록 그i는 항상 벙어리들을
> 향해 미소 짓곤 했지만 화살처럼 덮쳐 드는 그 다섯 마리 검
> 은 개들의 습격은 여전히 피할 수 없다. 비록 이런 습격은 사
> 람을 놀라게 하는 것에 불과하고 결코 사람을 물지는 않는다
> 고 하지만 그래도 그i는 무서워서 벌벌 떨었으며 돌아서서 생
> 각해도 소름이 끼칠 지경이다. 그i는 남쪽으로 내려가 마을을
> 지나는 큰 길을 가로질러 판산 집으로 가려고 생각했다. (≪풍
> 유비둔1≫, 36페이지)
> 孙家的哑巴们和哑巴们的狗对同住一条胡同的<u>上官寿喜</u>抱着深
> 深的成见, 他想不清楚何时何地如何得罪了这十个可怕的精灵。
> 只要他碰到人骑墙头、狗卧墙根的阵势, 坏运气便要临头。尽管

他每次都对着哑巴们微笑, 但依然难以避免五条箭一般扑上来的
黑狗们的袭击。虽然这袭击仅仅是恫吓, 并不咬破他的皮肉, 但
还是令他心惊胆战, 想起来便不寒而栗。他欲往南, 经由横贯村
镇的车马大道去樊三家, ……(원문)

(10)에서 볼 수 있듯이, 한국어 번역문에 대명사 조응어 '그'가
텍스트에서 아주 빈번하게 사용되었다. 번역본 ≪풍유비둔≫의 전
체 번역을 보면 대명사 조응의 사용은 거의 다 이런 식으로 진행되
었다. 물론 중국어 원문에는 대명사 조응 '他' 혹은 '她'를 상응한
곳에서 사용하는 것이 자연스럽고 적합하지만, 한국어로 번역할 때
똑같이 대명사 조응을 사용하면 자연스러운 한국어 텍스트가 되지
않는다.

이와 마찬가지로, 한국어 원문을 중국어로 번역하면 비슷한 문제
가 발생할 수 있다. 다음 예문은 백수진(2011)에서 나온 예문이다.

(11) 선배j에게 모르는 부분을 Øi 물어 봤는데, Øj 친절하게 가르
쳐 주었어요.
*向学长问了不明白的地方, 热情地告诉了。
我向学长问了不明白的地方, 他热情地告诉了我。

(11)을 보면, 한국어 원문에서 선행어 '선배'는 후행글에서 영조
응을 사용해도 되지만 중국어로 번역하면 반드시 대명사 조응 '他'
를 사용해야 된다. 그리고, 한국어 원문에서는 동사 '물어보다'의
행위자를 영형대명사 형식으로 표현했지만, 이것을 중국어로 번역

하면 반드시 동작의 행위자 '我'를 명확하게 제시해야 된다.

결국, 중국어를 가르치거나 배울 때 그리고 중국어와 한국어를 번역할 때 중국어의 명사반복 조응, 대명사 조응 및 영조응에 대한 깊은 분석과 연구의 필요성이 제기된다. 그런데 아직까지는 중국어 자체에 대한 연구가 부족하기 때문에 언어 간의 대조 연구 역시 어려운 상황이다. 따라서, 이 글은 중국어 명사 선행어에 대한 조응 방식의 연구를 중심으로 중국어에 있는 특별한 용법을 살피고 그 원인과 규칙에 대해 여러 측면에서 알아보고자 한다. 이 글은 중국어 명사 선행어에 대한 조응 방식의 연구, 그리고 그 중에 한국어와의 일부 대조 분석을 통해 중국어 학습자에게 기초적인 자료를 제공하여 언어를 학습하는 데 도움을 줄 수 있을 것이다. 뿐만 아니라, 중국어를 한국어로 번역하는 데에 있어서도 도움을 줄 수 있을 것이다.


## 2. 선행 연구

조응에 대한 연구는 이론적으로 보면 형식론, 기능론, 인지론 세 단계에 걸쳐서 발전해왔다.

형식론으로는 Chomsky(1981)가 지배 결속 이론(Government and Binding Theory)을 제시해서 조응 현상을 연구했다. 이 지배 결속 이론은 한 문장 내의 조응에 대해서 잘 설명할 수 있지만 원거리 텍스트의 조응 현상은 설명하지 못한다. 즉, 단순한 통사적 시각으로는 모든

조응 현상을 설명할 수 없다.[7)

이에 기능론 학자들은 화용적으로 조응 현상 연구를 진행하였다. 기능론적 연구에는 다음과 같은 세 가지 연구 이론이 있었다. 첫째, Halliday & Hasan(1976) 등 기능론 학자들은 정보와 구조의 시각에서 조응은 텍스트의 비구조적인(non-structural) 부분에 속하고 텍스트를 연결해(cohesion) 줄 수 있는 기능이 있다고 주장하였다. 즉, 조응은 일종의 텍스트적 연결 수단이라는 것이다. 하지만, 이러한 텍스트가 의미 없는 텍스트가 될 수도 있다는 문제가 있다.[8) 그러므로 기능의 관점만으로 조응을 연구하는 것에는 한계가 있다. 둘째, Levinson(1987), Huang(1994, 2000) 등 학자들은 조응을 의미론과 화용론에 입각해서 연구해야 된다고 주장하였다. 그들은 neo-Grice 원칙을 세워서 의미론과 화용론적 연구 방안을 제시하였다. 許余龙(2004 : 285)은 이러한 이론은 문장 내에서 이미 문법화된 조응 현상을 잘 설명할 수 있지만 자연스러운 텍스트에서의 조응 현상을 설명하기는 힘들다고 평가하였다. 셋째, Kuno(1987), Koktova(1992) 등 프라하(Prague) 학파의 학자들은 통사론과 기능론으로 조응을 연구했는데 이를 기능통사론(factional syntax)이라고 주장하였다. Huang(2000 : 260)에 의하면, 프라하 학파는 조응을 화용론적인 해석으로 지나치게 간략화했기 때문에 조응에 대한 진정한 이해가 이루어질 수 없다고 말하였다.

---

7) 黃衍(2000 : 130) : "纯粹的句法理论决不能很好地阐释照应现象。"
8) 다음과 같은 예문은 조응어를 통해서 하나의 텍스트로 연결되었지만 비문이다.
 * Her father was a policeman. He bought a book yesterday. He likes dogs. He was born in 1945.

조응에 대한 기능론적 연구는 중요한 성과를 얻었지만 여전히 많은 문제를 남기고 있다. 이에 학자들은 인지론적으로도 조응에 대한 연구를 진행했다. Chafe(1976, 1994, 1996)은 조응어와 지칭 대상의 인지 상태를 연결하였다. 이후 Ariel(1990)은 접근성 이론을 제시하여 지칭어의 접근성 정도를 연구하였다.

위에 언급한 조응에 대한 이론적 연구 발전 과정을 종합해 보면 다음의 3가지 문제점을 발견하게 된다. 첫째, 조응이란 것은 단일한 언어 현상이 아니기 때문에 한 가지 시각만으로 연구하면 조응의 한 측면만 해결할 수 있을 뿐이다. 그러므로 예전의 이론들은 다 각자의 한계성을 지니고 있었다. 둘째, 조응 연구의 대부분은 영어를 주요 대상으로 진행하여 영어 이외의 많은 언어의 조응 현상을 잘 설명하지 못한다. Cao(1979), Huang(2000)은 Givón(1979)이 제시한 문법과 화용론의 2가지 교류 방식에 의거하여 세계 언어를 2가지로 분류했는데, 하나는 영어처럼 문장을 기준으로(sentence-oriented) 한 문법언어(syntactic language)이고 다른 하나는 중국어처럼 텍스트를 기준으로(discourse-oriented) 한 화용언어(pragmatic language)이다. 따라서, 영어 연구를 통해 얻은 결과는 중국어와 같은 언어의 조응 현상에 적합하지 않을 수도 있다는 것이다. 셋째, 대부분의 이론들은 한 문장에서 이미 문법화된 조응 현상을 잘 설명할 수 있지만 자연스러운 텍스트를 처리할 때는 여전히 부족하다. 이러한 문제를 감안하여 이 글은 의미적과 화용적 기능론을 이론 기반으로 삼아서 텍스트적으로 중국어 실제 언어 자료 중의 조응 현상을 연구하고자 한다.

조응의 텍스트적인 선행 연구는 의미적으로 보면 Givón(1983)가 제시한 주제 연속성(Topic Continuity) 이론과 중국어 연구에서 비슷한 관점, 즉 화제 연쇄(Topic Chain)9)란 관점이 있었다. 하지만, 이들 이론은 단거리 텍스트의 명사반복 조응과 원거리 텍스트의 대명사 조응과 영조응의 사용을 설명하지 못한다. 이와 같은 문제점을 감안하여 이 글은 텍스트적으로 중국어의 조응 현상을 고찰함으로써 의미적으로 해결해보고자 한다.

조응의 텍스트적인 연구로는 구조적으로 보면 Fox(1987)가 단락과 서열(series)을 통해 제시한 영어의 조응 모델 이론이 있었다. 하지만, 단락과 서열을 정확하게 규정하기 어렵다는 문제점이 있었다. 그래서, 이 글은 중국어의 조응 모델을 모색함으로써 영어와 다른 점을 제시하고자 한다.

그 다음으로 중국어 주어 위치의 명사 선행어에 대한 구체적인 선행 연구를 살펴보자.

중국어의 명사반복 조응에 대해서는 廖学忠(1986), 陈平(1986), 徐赳赳(1999), 许余龙(2000, 2004), 李丛禾(2010) 등의 연구가 있었다. 廖学忠(1986)은 조응어를 분류하였고, 徐赳赳(1999)은 명사 조응 사용의 몇 가지 영향 요소를 지적하였다. 许余龙(2000, 2004)은 인지언어학의 측면에서 명사 조응어의 접근성(accessibility)10)을 조사하였고 명

---

9) 曹逢甫(1978 : 221) : "topic often extends its semantic domain over several sentences. The sentences under the domain of a topic form a topic chain."(화제는 항상 의미상 몇 개의 문장을 포함하는데 한 화제 아래의 문장들이 하나의 화제 연쇄를 형성한다.)
10) Ariel(1990)은 처음으로 접근성 이론(Accessibility Theory)을 제시하였다. 이재호는 (2009, 2010) 이를 '접근성 이론'으로 번역했다. 중국 학계에서는 可及性理論이라고 번역한다. 자세한 내용은 제2장 1.을 참조.

사 조응어의 화용적 기능을 제시하였다. 李丛禾(2010)는 Van Hoek
(1995, 1997)의 참조점 모델 이론(Reference Point Model)에 의거하여 명
사 형식의 텍스트적 표시 기능을 연구하였다. 陈平(1986), 李丛禾
(2010)는 명사 조응어가 텍스트에 화제의 연속성의 종결을 표시하는
기능이 있다고 주장하였다.

중국어의 인칭대명사 조응에 대해서는 曾竹青(2000), 许余龙(2000),
高彦梅(2003), 张立飞, 董荣月(2008), 赵宏, 邵志洪(2002), 王灿龙(2006),
黄碧蓉(2008) 등이 연구를 진행했다. 일부 연구자들은 인지언어학의
측면에서 대명사의 텍스트적 연결 기능에 대해 논술을 전개하였다.
또 다른 연구자들은 영어와 대조 연구를 진행함으로써 중국어의
대명사 조응의 사용 빈도, 사용 형식에 대해 고찰하였다. 하지만,
인칭대명사 조응에 대한 선행 연구는 중국어 3인칭 대명사가 텍스
트에서 임의적으로 사용되는 문제를 해결하지 못했다.

중국어의 영조응에 대해서는 비교적 많은 연구가 진행되어 왔다.
어법학자들은 의미적인 시각에서 영조응이 나타나게 된 텍스트 환
경에 대해 해석하고자 시도하였는데 그 중에 가장 큰 영향을 끼친
것으로는 '화제 연쇄(Topic Chain)' 이론이 있다. 曹逢甫(1978)가 가장
먼저 화제 연쇄라는 개념을 사용했다. 그 후 Li & Thompson(1979),
陈平(1987), 屈承熹(1996), 熊学亮(1999) 등 학자들이 화제 연쇄란 개
념을 이용하여 영조응의 사용에 대해 설명하였다. 그런데 이에 대
해서는 반대 의견도 존재한다. 예를 들어 朱勘宇(2002)는 같은 화제
가 이어져가는 텍스트에서 왜 전체적으로 영조응을 사용하지 않고
대명사 조응이 출현했는가에 대해 의문점을 제시하였다. 또한, 张

文贤, 崔建新(2001)은 영조응의 출현은 화제의 비연속성을 표시하며 지칭 대상의 전환을 표시하는 경우가 있다고 했다. 사실 曹逢甫(1979)가 처음으로 '화제 연쇄'를 정의했을 때, 그는 단지 대략적인 개괄에 불과하다고 생각했다. 즉 이 개념이 출현한 초기에는 모호성이 다분했다는 것을 의미한다. 화제 연쇄는 영조응이 사용되는 텍스트 환경을 정확하고 자세하게 설명하지 못한다. 화제 연쇄 개념에는 두 가지 문제가 있다. 1. 이는 독자의 관점에서 출발하여 관찰된 텍스트 현상이며 의미상 모호한 개념이다. 2. 화제 연쇄 내에서 전부 영조응으로 연결되는 것은 아니며 대명사 조응과 명사 반복 조응의 출현도 자주 보이는 현상이다. 화제 연쇄는 그 내부에 왜 대명사 조응과 명사반복 조응이 나타나는지 설명하지 못한다. 3. 하나의 화제 연쇄가 어디에서 끝나는지에 대한 명확한 설명이 없다.

그 다음으로 중국어와 한국어의 대조 연구 현황을 살펴보자. 최근 한국어와 중국어의 대조 연구는 이전의 음운과 한자음 위주였던 단순한 연구에서 벗어나 폭넓고 다양하게 진행되고 있다. 언어학적 측면에서 볼 때 음운, 형태, 의미, 어법, 어휘, 구문, 글자, 문장부호, 속담, 번역 등의 다양한 영역에서 연구가 이루어졌고, 사회적인 측면에서 볼 때 문화, 인간관계, 사회적인 구조 등의 다양한 분야에서 연구가 이루어졌다. 그런데 이렇게 많은 연구 중 조응에 대한 대조 연구는 거의 보이지 않는다. 그 중 金吉顺(2009)의 <汉韩人称代词对比研究>는 중국어와 한국어 인칭 대명사의 구체적인 의미와 용법을 자세하게 설명했을 뿐이었고 조응의 측면에서 연구를 전개한 것은 아니었다. 그 밖에 한국에서는 왕금화(2007)의 <한국어와 중국어의 인칭대명사 대조 연구>, 유연연·한영목(2011)의 <한중 인칭대명사 대비 연구> 두 편이 나왔는데 주로 한국어와 중국어의 인칭대명사 용법을 나열했을 뿐이었다.

조응의 측면에서 볼 때 대명사의 사용은 명사의 사용, 그리고 영형대명사의 사용과 긴밀한 관계를 맺고 있기 때문에 서로 묶어서 같이 연구해야 되는데 아직까지는 상관되는 연구가 보이지 않고 있다. 뿐만 아니라, 중국어와 한국어의 명사 대조 연구, 혹은 영형대명사 대조 연구라는 단독 연구도 아직 보이지 않는다. 이러한 연구 현황을 보면, 이 글에서 중국어와 한국어의 세 가지 조응 방식에 대해 연구를 진행한다는 것은 두 언어의 대조 연구 영역에 하나의 공백을 채워준다는 의미가 있다 하겠다.

## 3. 연구 방법

중국어와 한국어의 텍스트에 명사반복 조응, 인칭대명사 조응과 영조응의 사용 차이는 인지언어학적으로 보면 각 조응 방식은 뇌에서의 활성화 정도가 다르기 때문에 생긴 것일 수도 있다. 그러므로 이 글에는 우선 인지언어학적으로 중국어와 한국어의 명사, 인칭대명사와 영형대명사를 비교하고자 한다. 만약 이 세 가지 지칭어가 인지언어학 측면에서 차이가 있다면 인지적으로 두 언어의 명사반복 조응, 인칭대명사 조응과 영조응의 용법 차이의 원인을 설명할 수 있을 것이다. 다음으로 심리학적 연구 결과를 이용하여 텍스트를 이해하는 측면에서 고찰하고자 한다. 이러한 고찰을 통해 만약 중국어와 한국어의 세 가지 조응이 인지언어학적과 심리학적으로 비슷하다는 결과가 나오면, 두 언어의 명사반복 조응, 인칭대명사 조응과 영조응이 다양한 요소의 영향을 받고 있다는 사실을 알 수 있을 것이다. 이에 다른 시각으로 두 언어의 조응 용법의 차이점에 대한 연구의 필요성이 제기될 것이다. 그러므로 이 책에서는 우선 역사적으로 명사반복 조응, 인칭대명사 조응과 영조응에 대해 그 발전 과정을 고찰하고 역사적 영향을 확인한 후에 사회언어학적으로 분석하고 영향을 줄 수 있는 요소를 고찰하고자 한다. 마지막으로 순수언어학적인 분석 방법으로 중국어에 세 가지 조응의 텍스트 의미와 기능을 분석함으로써 각 조응 방식을 사용할 수 있는 텍스트 조건을 제시하고 중국어 주어 위치의 명사선행어에 대한 기본 조응 모델을 추출하고자 한다.

이 글의 구성은 아래와 같다.

1장은 문제 제기, 연구 목적, 선행 연구와 연구 방법에 대해 구명한다.

2장은 인지언어학적으로 중국어와 한국어의 실제 언어 자료에 대한 구체적인 조사를 통해서 명사, 대명사, 영형대명사 등 3 가지 지칭어를 분석한다. 그 다음에 심리학 연구 결과를 이용해서 세 가지 조응 사용에 대해 고찰한다.

다음 3장, 4장, 5장에서 중국어의 각 조응 방식에 대해 분석을 진행하고자 한다. 3장, 4장, 5장은 각각 명사반복 조응, 대명사 조응, 영조응에 대해 논술하고자 하는데 세 가지 조응 방식을 완전하게 분리해서 단독적으로 분석할 수 없기 때문에 각 장의 논술에서 중복되는 부분이 있다.

3장은 중국어의 명사반복 조응에 대해 분석을 진행한다. 중국어 문어체와 구어체 텍스트를 구별해서 따로 설명한다. 문어체 텍스트에 사용된 명사반복 조응은 '비연속성'과 '의미 단위 표시'라는 의미 기능이 있는 것으로 분석된다. 구어체의 명사반복 조응에 대해 역사적인 발전 과정을 고찰하고 '존대 표시'란 화용적 기능을 분석한다. 그리고, '시각 변화'의 각도에서도 고찰한다. 한국어의 명사반복 조응은 사회언어학의 시각에서 경어법에 대해 살펴보고, 2인칭 대명사 체계와 3인칭 대명사의 사용 한계의 영향도 밝히고자 한다.

4장 중국어 대명사 조응에 대한 연구 중 1인칭 대명사는 텍스트에서 선행어가 거의 나오지 않기 때문에 2인칭 대명사와 3인칭 대명사를 위주로 고찰한다. 중국어의 2인칭 대명사는 주로 대화체에 많이 쓰이기 때문에 화용적 기능을 분석하고자 한다. 3인칭 대명사는 영어 등 유럽인도어족의 영향을 밝히고 문어체 사용 상황을 조사하여 '의미 전환'이라는 기능을 분석한다. 그리고, 한국어 3인칭 대명사에 대한 문어체와 구어체 중의 사용 현상을 살펴보고자 한다. 이러한 대비 연구를 통해서 두 언어에서의 대명사 조응은 역사적 요소뿐만 아니라 제3 언어의 영향, 그리고 구체적인 사회 환경의 영향이 함께 작용해서 형성된 복잡한 모습임을 밝히고자 한다.

5장은 중국어의 영조응에 대해 분석을 진행한다. 독자의 입장에서 분석했던 선행 연구의 구속에서 벗어나 화자의 표현 의도의 시각에서 영조응의 사용 조건에 대해 연구를 시도하여 화자가 정한 의미 단위 내에서 영조응을 사용한다는 결론을 내릴 것이다. 그리고, 이러한 의미 단위 내에서 영조응의 의미적 기능과 화용적 기능을 분석한다. 한국어의 영조응은 주로 어미와 동사, 형용사의 영향을 분석한다.

이상의 연구는 의미적과 화용적 기능론을 이론 기반으로 삼아서 텍스트적으로 중국어 실제 언어 자료 중의 조응 현상을 연구하려는 것이다. 이러한 연구를 통해, 이 글은 중국어에서 주어 위치의 명사 선행어에 대해 명사반복 조응, 대명사 조응, 영조응 세 가지 조응 방식의 사용을 분석하여 중국어 조응의 기본 모델을 규명하게 될 것이다.

# 언어 생성(生成)과 이해의 시각에서 본 조응 연구

제2장은 우선 인지언어학의 관점에서 중국어와 한국어의 명사, 대명사, 영형대명사 세 가지 지칭어를 텍스트 생성(生成)의 시각에서 비교하고자 한다. 그 다음에 심리학 연구 결과를 이용해서 명사 주어에 대한 명사반복 조응, 대명사 조응과 영조응에 대해 고찰하고자 한다. 두 언어에서 이 세 가지 조응어가 인지적과 심리적으로 차이가 있다고 입증되면 두 언어의 이 세 가지 조응어의 용법 차이의 원인을 밝힐 수 있을 것이다. 만약 두 언어에서 이 세 가지 조응어는 인지적과 심리적으로 비슷하거나 같다는 분석 결과가 나온다면 두 언어의 이 세 가지 조응어의 서로 다른 용법은 복잡한 요소의 영향이 있다는 결론을 내릴 수 있을 것이다.

본문은 인지언어학적으로 Ariel(1990)의 접근성 이론(Accessibility Theory)[11]을 바탕으로 거리요소를 기준으로 중국어와 한국어의

명사, 대명사와 영형대명사의 접근성 정도를 비교하고자 한다. 제1
장 2.에서 언급한 바와 같이, 조응에 대한 연구는 이론적으로 보면
형식론, 기능론, 인지론 세 단계에 걸쳐서 발전해왔다. 형식론의 통
사적 시각만으로는 조응에 대한 연구에 한계가 있었기 때문에 기
능론 연구로 의미적과 화용적 시각을 보완했다. 기능론적 연구도
여전히 문제가 있기 때문에 인지론적 연구를 전개했다. 본서는 바
로 이러한 이론적 맥락에서 인지언어학의 연구 성과를 바탕으로
연구를 진행하고자 한다. 인지언어학적으로 조응에 대한 연구가 많
이 나왔지만 그 중 Ariel(1990)의 연구가 두 가지 장점이 있으므로
이 글의 이론적 근거로 삼고자 한다. 許余龙(2002 : 30, 32)에 의하면,
Ariel(1990)의 접근성 이론은 텍스트적으로 조응에 대해 고찰했는데
이는 한 문장 내의 조응 현상에도 적용된다. 이는 다른 인지론 학
자가 주로 한 문장 내 조응 현상에 대한 연구보다 더 발전된 것이
다. 예를 들면, Van Hoek. K(1997)의 참조점 모델 이론은 한 문장
내 조응 현상에 중점을 둔다. 그리고, 姜望琪(2006 : 35)에 의하면,
Ariel(1990)의 접근성 이론은 조응어의 실제 응용 상황에 대해 폭넓
게 분석했는데 실제 언어 현상과 잘 부합하기 때문에 그의 분석 방
법을 이용할 수 있는 실용적 가치가 있다. 이 글은 Ariel(1990)의 접
근성 이론에 근거해서 텍스트적으로 중국어와 한국어의 세 가지
조응 현상을 고찰하기로 한다.

　2장은 우선 접근성 이론에 대해 간단하게 소개하고, 그 다음에

---

11) 이 글의 10번 각주를 참조.

실제 언어 자료를 분석함으로써 중국어와 한국어의 명사, 대명사와 영형대명사의 접근성을 분석한다. 그 다음은 심리학 연구 결과를 이용해서 중국어와 한국어의 이 세 가지 조응어의 용법을 설명하기로 한다.

# 1. 접근성 분석

## 1.1. 접근성 이론

접근성 이론은 이스라엘 언어학자 Ariel(1990)이 제시한 이론이었다. 접근성은 심리언어학 개념으로, 사람이 말을 할 때 기억에서 어떤 언어적 혹은 심리적 실체(mental entity)를 얼마나 쉽게 혹은 어렵게 꺼낼 수 있는가의 정도를 의미하는 것이다. Ariel에 의하면, 지칭어의 첫 번째 기능은 바로 기억에 심리적 실체의 접근성 정도를 표시(mark)해 주는 것이다. 즉, 화자가 어떤 사물을 시칭할 때, 어떤 지칭어를 사용함으로써 청자에게 이 지칭된 실체의 접근성 정도를 전달한다는 것이다. 서로 다른 지칭어가 지칭하는 실체는 기억 구조(memory structure)에 의한 접근성도 다르다. 그의 말은(1990 : 16), '접근성 정도는 기억에 의한 실체의 지위(고활동성이다, 아니면 저활동성이다, 혹은 소실하고 있다)와 일치한다.' 이러한 의미에서 지칭어는 접근성 표시어(accessibility marker)라고 칭할 수 있다. Ariel(1990 : 17)은 '접근성 표시, 그리고 기억의 특성은 서술 과정에서 지칭어의 선택에 대해 잘 이해하는 데 도움이 된다.'고 하였다.

Ariel은, 선행어의 접근성 정도는 가장 중요한 요소이기 때문에 선행어가 기억에서 차지하는 지위를 표시하기 위해, 표시어를 전면적으로 분류해야 한다고 주장하였다. 그는 모든 표시어를 저접근성에서 고접근성의 순서로 배열하였다. Ariel(1990 : 28)에 따르면, 선행어의 접근성 정도에 영향을 미치는 주요 요소는 네 가지가 있다.

> 1) 거리요소. 즉, 선행어와 조응어 간의 텍스트 거리.
> 2) 경쟁요소. 즉, 선행어가 될 수 있는 경쟁자의 수.
> 3) 현저요소. 즉, 선행어가 텍스트의 주제인지.
> 4) 일치성요소. 즉, 선행어와 조응어가 같은 구조/ 세계/ 관점/ 단락에 속하는지.

위에 언급된 네 가지 요소 중 Ariel은 거리요소가 선행어의 접근성을 결정하는 데에 가장 중요한 요소로 선정된다고 했다. 왜냐하면, 기억과 텍스트 거리는 굉장히 긴밀하게 연결되어 있기 때문이다. 예를 들면, 단거리 텍스트에서 조응어의 복구는 단기 기억에서 나오는 것이다.

Ariel은 거리요소와 일치성 요소가 모두 관계의 원근을 의미하기 때문에 이 두 가지 요소를 관계성으로 귀납하고, 현저요소와 경쟁요소가 선행어의 현저성을 반영하기 때문에 이 두 가지 요소를 현저성으로 귀납하였다. 따라서 Ariel은 모든 언어에서 지칭어가 이러한 특성을 지니고 있다고 판단하였다. 그리고, 구체적으로 보면 서로 다른 언어에서 지칭어의 접근성은 약간의 차이가 있을 수도 있다고 덧붙였다.

Ariel에 따르면, 모든 언어의 지칭어는 아래 세 가지 원칙에 따라서 접근성 정도를 표시한다. 첫 번째는 정보성(Informativity)이다. 즉, 지칭어가 표시하는 정보량이 많을수록 저접근성표시어가 될 가능성이 크다. 두 번째는 확정성(Rigidity)이다. 즉, 지칭어가 어떤 실체를 지칭할 때 보다 확실할수록 저접근성표시어가 될 가능성이 크다. 셋째는 간략성(Attenuation)이다. 즉, 지칭어의 형식이 간단할수록 고접근성표시어가 될 가능성이 크다.

'모든 언어는 접근성이란 인지 기반에서 특정한 지칭어를 정의한다. 그리고, 모든 언어는 위에 언급된 세 가지 원칙(정보성, 확정성, 간략성)을 이용해서 실제적인 언어표시어로 접근성을 반영한다. 이세 가지 원칙은 단지 상대적으로 접근성을 예측한다. 대부분의 언어는 최소한 몇 가지 수단을 선택해서 지칭어를 사용하기 때문이다. 예를 들면, 비문법적으로 지칭어의 출현을 금지한다거나, 아니면 문법적으로 혹은 화용적으로 지칭어의 분포 자유성을 크게 감소시킨다는 것이다. 그렇기 때문에 언어간의 자동 번역 진행은 항상 불가능한 일'이라고 Ariel(1990 : 92)은 말했다. 그럼에도 불구하고, 모든 언어의 서술은 같은 접근성 규칙의 지배를 받고 있다. 즉, 모든 언어는 처음에 저접근성표시어를 사용하다가, 서술 진행에 따라서 점점 고접근성표시어의 사용으로 바뀐다.

Ariel(1990 : 18)는 네 편의 영어 글 (그 중 두 편은 소설체, 나머지 두 편은 비소설체) 중 한 편당 약 2,200자의 글을 선정해서 그 글에 나온 지칭어와 선행어의 텍스트 거리에 대해 통계 분석을 진행하였다. 지칭어는 주로 명사, 대명사와 지시사 등 세 가지를 고찰하였고 영어에서 영형대명사는 자주 쓰이지 않기 때문에 분석에 포함하지 않았다. 텍스트 거리는 다음의 네 가지 기준으로 분류하였다.

1) 지칭어와 선행어는 같은 문장(sentence) 내에 있다. (Same S, 같은 문장)
2) 선행어는 앞 문장에 있다. (Previous S, 앞 문장)
3) 지칭어와 선행어는 같은 단락에 있으며 서로 두 개의 문장 이상의 간격이 있다. (Same paragraph, 같은 단락)
4) 선행어는 앞 단락에 있다. (Across paragraph, 다른 단락)

Ariel(1990 : 18)이 이러한 네 가지 기준으로 영어 자료를 분석한 결과는 아래 <표 1>과 같다. <표 1>은 원문과 표시 방식이 약간 다르다.

〈표 1〉 텍스트 환경에 의한 조응 형식 분석
Breakdown of anaphoric expressions by text positions

| 지칭어 (Referring expression) | 텍스트 환경 (text position) | | | | |
|---|---|---|---|---|---|
| | 같은 문장 (Same S) | 앞 문장 (Previous S) | 같은 단락 (Same paragraph) | 다른 단락 (Across paragraph) | 합계 (TOTAL) |
| 대명사(Pronoun) | 110(20.8%) | 320(60.5%) | 75(14.2%) | 24(4.5%) | 529(100%) |
| 지시사(Demonstrative) | 4(4.8%) | 50(59.5%) | 17(20.2%) | 13(15.5%) | 84(100%) |
| 고유명사와 명사구 (Definite description) | 4(2.8%) | 20(14.1%) | 65(45.8%) | 53(37.3%) | 142(100%) |

<표 1>은 모두 755 개의 예문으로, 지칭어의 텍스트 분포 상황을 통계로 낸 결과다. 그 중에 세 가지 지칭어가 자주 나타난 텍스트 환경이 각각 있는데 그 출현 빈도는 진한 글씨체로 표시하였다. <표 1>에서 볼 수 있듯이, 영어에서 대명사는 대부분 단거리 텍스트 환경, 즉 '같은 문장'과 '앞 문장'에 쓰이는데 그 출현 빈도는 81.3%(20.8%+60.5%)다. 지시사는 대부분 중등 거리의 텍스트 환경, 즉 '앞 문장'과 '같은 단락'에 쓰이는데, 그 출현 빈도는 79.7% (59.5%+20.2%)다. 고유명사와 명사구는 대부분 원거리 텍스트 환경, 즉 '같은 단락'과 '다른 단락'에서 나타나는데 그 출현 빈도는 83.1% (45.8%+37.3%)다.

Ariel(1990 : 20)에 의하면, '영어에서 단거리 텍스트 환경에서는 고접근성표시어(대명사)가 가장 많이 사용되고, 원거리 텍스트 환경에서는 저접근성표시어(명사구)가 가장 많이 사용된다. 지시사는 중접근성표시어이므로 보통 중등 거리의 텍스트 환경에서 사용하게 된다.'고 했다. 따라서, 아래와 같은 결론을 내릴 수 있다. 즉, 영어에서 대명사는 고접근성표시어, 지시사는 중접근성표시어, 고유명사와 명사구는 저접근성표시어이다.

## 1.2. 중국어 지칭어의 접근성과 조응의 선택

접근성 이론은 모든 지칭어를 접근성으로 분류하고 모든 언어에 적용할 수 있다고 한다. 그렇지만, 구체적으로 보면, 서로 다른 언어에서 지칭어의 접근성 정도는 약간 차이가 있을 수도 있다. 그렇다면 과연 중국어와 한국어의 상황은 어떨까? 이에 대해, 1.2.과 1.3.에서 두 언어의 실제 언어 자료를 통해 분석을 진행할 것이다. 분석 방법은 Ariel이 영어의 언어 자료를 분석한 방법과 같다.

중국어에서 지칭어의 접근성에 대한 연구는 아직 많이 진행되지 않았는데 그 중 许余龙(2000)의 연구는 주목을 많이 받았다. 그는 Ariel의 분석 방법을 이용해서 중국어의 지칭어를 분석하였다. 그가 분석한 언어 자료는 <중국 민간 이야기 선집6(中国民间故事选6)> (1980) 중 18편 이야기의 전부 혹은 앞부분 글인데 편당 1,000글자다. 그는 Ariel와 달리 영형대명사도 고찰해 보았다. 명사구는 만약 지시사에 수식어가 있으면 이것을 지시사조응으로 처리하였다. 그의 분석 결과는 아래 <표 2>와 같다.12)

〈표 2〉 지칭어의 텍스트 분포(汉语指称词语的篇章分布)

| 지칭어 형식<br>(指称词语形式) | 텍스트 환경(篇章环境) | | | | 합계<br>(小计) |
|---|---|---|---|---|---|
| | 같은 문장<br>(同句内) | 앞 문장<br>(前一句) | 같은 단락<br>(同段内) | 다른 단락<br>(跨段) | |
| 영형대명사(零代词) | 630(91.3%) | 53(7.7%) | 4(0.6%) | 3(0.4%) | 690(100%) |
| 대명사(代词) | 90(55.2%) | 69(42.3%) | 1(0.6%) | 3(1.8%) | 163(99.9%) |
| 지시사(指示词) | 6(35.3%) | 6(35.3%) | 4(23.5%) | 1(5.9%) | 17(100%) |
| 고유명사와 명사구<br>(专有名词和有定描述语) | 45<br>(12.9%) | 118<br>(33.9%) | 38<br>(10.9%) | 147<br>(42.2%) | 348<br>(99.9%) |

许余龙에 따르면, 영형대명사는 '같은 문장'과 '앞 문장'인 단거리 텍스트 환경에서의 출현 빈도가 99.0%(91.3%+7.7%)이므로 영형대명사는 고접근성표시어로 판단할 수 있다는 것이다. 대명사는 주

---

12) 이 글에 인용될 때 자귀사 부분의 설명을 생략해서 약간의 변동이 있음.

로 '같은 문장'과 '앞 문장'인 단거리 텍스트 환경에 출현하였는데 그 빈도는 97.5%(55.2%+42.3%)다. 그런데 대명사는 지칭어 총 수량의 13.2%(163/1235)에 불과하기 때문에 許余龙은 중국어의 대명사는 영어의 대명사처럼 고접근성표시어가 아니라 영어의 지시사와 비슷하다고 주장하였다. 그리고, 중국어의 고유명사와 명사구는 전형적인 저접근성표시어로 판단할 수 있다고 하였다.

許余龙(2000)은 위와 같은 연구를 통해서 다음과 같은 결론을 내렸다. 즉, 1. 중국어는 영어처럼 고유명사와 명사구는 저접근성표시어다. 2. 영어에서는 대명사가 고접근성표시어인 데 반해, 중국어에서는 영형대명사, 그리고 주어 위치에 출현하는 대명사와 지시사가 고접근성표시어에 속한다. 3. 영어에서는 지시사가 중접근성표시어인데, 중국어에서는 목적어 위치에 출현하는 대명사와 지시사가 중접근성표시어에 속한다.

하지만, 許余龙의 분석에는 몇 가지 문제점이 있다. 하나는, 대명사를 분석할 때 선행어와 상응하는 조응어로 나타난 대명사만 통계해야 되는데 그는 글에 나타난 모든 대명사를 포함시켰다. 둘째는, 목적어 위치에 출현한 대명사는 상응하는 선행어를 찾아야 되는데 그렇지 못했다.

이 글은 중국어에 대명사가 사용된 텍스트 환경에 대해 다시 고찰한다. 중국어는 영어처럼 선행어와 대명사 조응어가 같은 문장에 출현하는 경우가 아주 적기 때문에 이 글은 '앞 문장, 같은 단락, 다른 단락' 등 세 가지 텍스트 환경을 설정했다. 이 글은 Ariel의 거리 기준에 의해서 5편의 글을 분석하였다. 2편은 소설체,[13] 나머지 3편은 비소설체[14]인데 모두 합쳐서 25,000자다. 소설을 선정한 기준은 주인공이 3인칭 인물이라는 것이다. 비소설체의 글을 선정한 기준은 자전체 글이 아니라 서술한 대상이 3인칭 인물이라는 점이다. 이 글은 구어체 언어 자료를 분석하지 않을 계획인데 이는 사람이 말할 때 대화 목적, 대화 환경 등이 지칭어의 선택에 많은 영향을 주어 지칭어의 사용에 대해 객관적인 통계를 얻을 수 없기 때문이다. 그러므로 이 글에서는 문어체 글을 선정해서 연구를 진행하고자 한다.

### 1.2.1. 중국어 A식과 B식 대명사 분류

중국어에서 대명사는 두 가지로 구별해야 된다는 점도 특별하게 주의할 필요가 있다. 이 글에서는 중국어 3인칭 대명사를 위주로 논의를 전개하고자 한다.

첫째, 원래 문장에 안 써도 되는데 서구화 영향과 화자의 표시 의도[15] 등 두 가지 원인 때문에 쓰게 된 대명사는 'B식대명사'로 명명한다. B식대명사는 영형대명사로 대체할 수 있는데 영형대명사처럼 고접근성표시어로 판정할 수 있다.

王力(1984)에 따르면, 중국어 3인칭 대명사 '他'가 인칭대명사로 쓰이게 된 것은 당나라부터이며, 송나라 이후로 3인칭 대명사로 고

---

13) 1. <陈奂生上城>(高晓声, 약 8,000자) 2. <哦, 香雪>(铁凝, 약 8,000자), 출처 : ≪中国当代小说珍本≫, 陕西人民出版社.
14) 1. <周扬的目光>(약 4,000자) 2. <夏衍的魅力>(약 4,000자), 출처 :≪王蒙代表作≫, (人民文学出版社, 2002), 3. <三论人生>(약 1,000자), 출처 :≪季羡林论人生≫, (当代中国出版社, 2006).
15) 자세한 내용은 제4장 2.2.를 참조.

정돼서 3인칭 대명사의 기본적인 형식이 되었다. 근대에 들어서는 서구화 영향을 받으면서 3인칭 대명사 '他'의 용법도 크게 변화되었다.

서구화란 것은, 20세기 초 중국 백화문운동(白话文运动) 당시 영어가 문어체 중국어에 많은 영향을 미쳐 중국어의 어휘와 어법에 많은 변이(变异)현상이 생겼는데 일부 변이 상황이 고유 용법처럼 받아들여졌다는 것을 말한다. 백화문운동 당시 많은 학자들이 서구화를 제창하였다, 예를 들면, 1911년 傅斯年은 <怎样做白话文>에서 최초로 서구화를 제창하였다. 그에 따르면, '단어 만드는 방법은 할 수 없이 서양어의 습관을 따라야 되고 서양인이 표시한 의미를 사용해야 된다. 마지막으로는 직접 서양어의 문법, 어법, 구법을 사용해야 된다'16)고 하였다. 1922년에 陈独秀가 <五十年来中国之文学>에서 '국어의 서구화'를 제창하였다. 그 다음 鲁迅은 서구화된 글을 지지한다는 뜻을 표시하였다. 그는 서구화된 문장은 새로운 사물과 사상을 소개하는 역할뿐 아니라 새로운 언어 표시 방법을 흡수해서 현대중국어를 더 풍부하고 정밀하게 해 줄 수 있다고 주장하였다. 胡适도 유사한 견해를 가지고 있었다.

중국어의 서구화에 대해 많은 언어학자들이 언급했는데 그 중 특히 王力가 처음으로 서구화에 대한 연구를 전개하였다. 王力(1984 : 1권 52, 53)에 따르면, '중국어의 주어는 꼭 있어야 되는 것은 아니다. 주어가 무엇인지 분명할 경우에는 보통 쓰지 않는 것이 정상이

---

16) 傅斯年(1911) : "我们造词的方法不得不随西洋语言的习惯，用西洋人表示的意味。而最终就是要直用西洋文的款式、文法、词法、句法……"

다. …… 서양어의 문법 규칙은 보통 문장에 주어가 있어야 된다. 주어가 없는 문장은 예외인데 이를 생략이라고 부른다.' 그(1984 : 1권 435)의 말에 따르면, '중국어 문법의 서구화는 아주 자연스러운 일이다. …… 民国초부터 지금까지 글의 서구화 정도가 점점 심해진다. …… 사실은 지금 중년 이하의 사람들이 글을 쓸 때 많거나 적거나 다 서구화된 어휘와 문법을 사용한다.'고 하였다. 그(1984 : 2권 470)는 '근래 신문에 실린 글은 서구화 때문에 주어의 수량이 점점 많아지고 원래 주어를 쓰지 않았던 곳에 다 쓰게 된다. 원래 서구화를 창도하는 사람들이 문장마다 주어가 있으면 의미가 명확해진다고 생각하기 때문에 이렇게 한 것인데, 지금 삼십세 이하의 청년들이 신문의 영향을 받아서 자연스럽게 주어를 많이 쓰게 되었다. 더 이상 서구화를 제창한다는 것이 아니다.'라고 하였다. 하지만 王力는 서구화의 전 과정을 구체적으로 논술하지는 않았다. 서양 언어는 중국어로 번역된 작품을 통해서 중국어에 영향을 미쳤다고 주장하였다. 사실 서구화에 대한 정밀한 연구는 대량의 전통 백화문 문학 작품과 같은 수량의 현대 문학 작품을 비교해야 할 필요가 있다. 하지만 이러한 대규모 연구는 많은 학자의 공동 참여가 있어야 가능한 일인데 개인으로는 거의 하지 못할 일이다. 그럼에도 불구하고, 중국어의 많은 문법이나 어휘의 사용 방법에서 서구화 현상을 잘 알아볼 수 있다. 王力가 들었던 예를 들면, 영어 등 서양 언어에 명사구대체법(名稱替代法)이 있는데 중국어에서는 당시 잘 사용되지 않았다. 아래 예문을 보자.

(12) After replying to the **old man**'s greeting he showed no inclination
to continue in talk, although they still walked side by side, for
the **elder traveler** seemed to desire company. (Galesworthy,
*Ruturn of the Native*)

그 나이 많은 여행자가 같이 가고 싶어 하는 듯 보여서 둘이
계속 나란히 걷고 있었지만, 그 노인의 인사말에 대답한 후
그는 계속 말하고 싶지 않은 듯 보였다.

(12)에 'old man'과 'elder traveller'는 다 선행글에서 이미 이름
이 언급된 사람을 지칭하는 것이다. 영어에는 그 사람의 이름이 몇
번 반복하여 나오는 것을 피하기 위해서 명칭을 바꿔서 다른 명사
구로 그 사람을 지칭한다. 이와 달리, 중국어에서는 명칭을 변환해
도 단지 '他的父亲(그의 아버지), 他的妻子(그의 아내)' 정도까지 할 수
있는데, '그 노인', '그 나이가 많은 여행자'로 선행글에 이름이 언
급된 사람을 지칭하는 것은 절대 하지 않을 것이다. '이렇게 지칭
하는 방법은 중국어의 습관과 너무 달라서 지금도 모방하는 사람
이 많지 않나. 그런데, 이것은 절대 불가능한 일이 아니다. 멀지 않
은 미래에 아마 많은 사람들이 모방해서 서구화할 것이다.'(王力,
1984 : 1권 487, 488) 王力가 있던 당시에는 이러한 사용 현상이 많이
보이지 않았지만 몇 십년 후의 지금, 이러한 명칭을 변환해서 지칭
하는 방법은 벌써 많이 사용되고 있다.

위에서 볼 수 있듯이, 한 언어가 다른 언어의 영향을 받는 것이
어떨 때에는 언어 사용자조차도 원래 자기의 언어에 있는 특징이
라고 생각할 수도 있다. 郭鸿杰(2007), 董娟娟(2008)에 따르면, 중국

어의 3인칭 대명사 용법 변화는 가장 명백한 서구화 현상 중 하나
다. 그 결과 3인칭 대명사 '他'의 사용은 대폭 증가되었다. 처음에
는 영어 작품을 중국어로 번역할 때 3인칭을 많이 사용하게 되었다.
다음의 예문은 董娟娟(2008)에 나온다.

> (13) When she got to the double doors that opened on to the
> backyard, Marcie gasped with delight.(Love in Bloom)(영어 원문)
> Marcie가 뒷 정원으로 통한 이중문을 지난 후 기쁘게 소리쳤다.
> (13a) 当她穿过开向后院的双扇门时，她兴奋的嘘了一声。(≪情窦初
> 开≫, 之井译) (중국어 번역문)
> (13b) 她穿过向后院的双扇门时兴奋的嘘了一声。

(13a)에서 볼 수 있듯이, 영어 원문이 중국어로 번역되면서 3인
칭 대명사 '她'가 두 군데에 쓰이고 있다. 하지만 (13a)와 같은 문
장은 중국어의 습관에서 보면 (13b)와 같이 서술될 것이다. 이렇게
번역문의 영향이 점점 커져서 보통 사람들이 평소에 말하거나 글
을 지을 때에도 3인칭 대명사를 자연스럽게 많이 쓰게 되었다는
것이다.

위의 논술을 종합해서 요약하면, 중국어 3인칭 대명사 '他'는 서
구화 때문에 많이 쓰이게 되었다. 이와 같은 3인칭 대명사 '他'는
원래 필수적으로 사용해야 되는 것이 아니라, 영형대명사로 대체할
수도 있으므로 영형대명사와 같다고 볼 수 있다. 3인칭 대명사뿐만
아니라 1인칭, 2인칭 대명사도 같은 상황이다. 이런 종류의 대명사
는 이 글에서 B식대명사라고 부른다.

둘째, B식대명사와 반대로 영형대명사로 대체할 수 없는 대명사는 이 글에서 'A식대명사'라고 부른다. 이 글은 A식대명사에 중점을 두고 분석을 전개할 것이다.

이 글은 중국어 언어 자료를 처리할 때 A식대명사와 B식대명사를 분리했는데 그 방법은 영형대명사 대체법이다. 즉, 필자의 이해에 따라서 영형대명사로 대체할 수 있으며 의미에 아무 변화를 주지 않는 대명사는 B식대명사로 판정된다. 반대로, 어떤 대명사를 영형대명사로 대체하게 되면 의미에 변화를 일으키거나 의미 이해에 지장을 준다면 이는 A식대명사로 분류된다. 이런 방법으로 대명사를 분리하는 것은 절대적인 것이 아니라, 대략적인 경향을 대표할 수 있다. 이런 방법으로 분류된 A식대명사는 관련 글에 반드시 사용되어야 되는 대명사이기 때문에 그들이 출현한 텍스트 환경을 고찰하면 A식대명사의 접근성 정도를 판단할 수 있다.

### 1.2.2. 중국어 지칭어의 분석

이 글에 중국어 언어 자료를 분석한 결과는 아래 <표 3>과 같다.

〈표 3〉 중국어 텍스트 환경에 의한 조응 형식 분석

| 지칭어 | 텍스트 환경 | | | 합계 |
|---|---|---|---|---|
| | 앞 문장 | 같은 단락 | 다른 단락 | |
| 영형대명사 | 113(21%) | 420(781%) | 5(0.9%) | 538(100%) |
| B식대명사 | 77(48.4%) | 78(49.1%) | 4(2.5%) | 159(100%) |
| A식대명사 | 31(15.4%) | 117(57.9%) | 54(26.7%) | 202(100%) |
| 명사반복 | 0 | 20(20.8%) | 76(79.2%) | 96(100%) |

<표 3>에서 볼 수 있듯이, B식대명사는 '앞 문장'이란 단거리 텍스트 환경에서 출현하는 비율은 48.4%이고, 나머지 49.1%의 B식대명사는 '같은 단락'이란 텍스트 환경에서 나타난다. 원거리 텍스트 환경에 쓰인 경우는 아주 적어 2.5%에 불과하다. 다시 말하면, B식대명사는 보통 단거리, 혹은 중거리의 텍스트 환경에 분포한다. B식대명사의 단거리 텍스트 환경에서의 사용 비율(48.4%)은 영형대명사의 단거리 텍스트 환경에서의 사용 비율(21%)보다 더 높다. B식대명사의 단거리와 중거리 텍스트 환경에서의 사용 비율은 97.5%로 영형대명사의 단거리와 중거리 텍스트 환경에서의 사용 비율인 99.1%에 가깝다. 그리고, B식대명사와 영형대명사는 다 원거리 텍스트 환경에 사용하는 것이 극히 드물다. 이렇게 보면, B식대명사와 영형대명사는 비슷한 접근성을 가지고 있으며, 다 단거리 혹은 중거리 텍스트 환경에서 보통 사용하게 되므로 양자 모두 고접근성표시어로 판정할 수 있다.

A식대명사는 중거리 텍스트 환경에서의 사용 비율(57.9%)은 B식대명사(49.1%)와 비슷하지만, 원거리 텍스트 환경에서의 사용 비율(26.7%)은 B식대명사(2.5%)보다 높다. A식대명사는 중거리와 원거리 텍스트 환경에서의 사용 비율을 합쳐서 84.6%이므로 A식대명사를 중저접근성표시어로 판정할 수 있다.

명사반복 형식은 아주 특별한 현상이 나타난다. 즉, 명사반복 형식은 선행어가 있는 문장 바로 뒤 문장에 거의 나타나지 않는다는 점이다. 이 글에서 분석한 언어 자료에 따르면, 이러한 상황이 한 번도 보이지 않는다. <표 3>에서 볼 수 있듯이, 이런 경우의 출현

비율은 0%이다. 그리고, 명사반복 형식은 원거리 텍스트 환경에서의
사용 비율이 79.2%에 달하므로 저접근성표시어로 분류하게 된다.

분석에서 볼 수 있듯이, 단거리 텍스트 환경에서는 영형대명사와
B식대명사를 선호한다. 그 비율은 각각 51.1%과 34.8%인데 이를
합하면 85.9%에 달한다. 중거리 텍스트 환경에서는 영형대명사를
더 많이 사용하는데 그 비율은 68.3%이다. 원거리 텍스트 환경에
서는 A식대명사와 명사반복 형식을 선호하는데 그 사용 비율은 각
각 38.3%와 54.7%이며 이를 합하면 93%에 달한다. 여기서 볼 수
있듯이, 원거리 텍스트 환경에서는 주로 A식대명사와 명사반복 형
식을 사용한다.

여기에는 두 가지 흥미로운 점이 있다. 1) 영형대명사는 중거리
텍스트 환경('같은 단락')에 대량 나타난다는 것이다. 연속적으로 나
타난 영조응을 '같은 단락'에 분류시킨 것도 하나의 원인이다. 영
형대명사는 단거리 텍스트 환경에 사용해야 되는데 중거리 텍스트
환경에서 많이 사용하게 된 데는 이유가 있을 것임을 제시해 준다.
2) A식대명사는 보통 원거리 텍스트 환경에서 사용한다. 하지만 경
쟁적인 선행어가 존재한다면 A식대명사를 단거리와 중거리 텍스트
환경에서도 사용하게 된다.

상술한 분석에서 중국어의 대명사와 영어의 대명사는 접근성에
큰 차이가 있다는 것을 알 수 있다. 영어에서는 대명사가 보통 단
거리 텍스트 환경, 즉 같은 문장 혹은 앞 문장에 사용하게 되는데
그 비율은 81.3%(20.8%+60.5%)에 달한다. 영어에서 대명사는 고접
근성표시어이다. 반면 중국어에서는 대명사가 두 가지로 분류되는

데 B식대명사는 영형대명사에 해당하고 고접근성표시어이며, A식
대명사는 중거리와 원거리 텍스트 환경에서 나타나므로 중저접근
성표시어이다. 중국어에서 세 가지 지칭어의 접근성은 다음과 같이
배열된다 :

영형대명사, B식대명사(고접근성) > A식대명사(중저접근성) > 명
사반복(저접근성)

## 1.3. 한국어 지칭어의 접근성과 조응의 선택

Ariel(1990)의 접근성 이론에 따르면, 모든 언어는 각 지칭어의 접
근성 배열에 대개의 공통성이 있지만 구체적인 차이도 있다고 한
다. 영어와 중국어에서 대명사의 접근성 정도는 각각 다르다는 것
을 위에서 이미 언급하였다. 한국어 지칭어의 접근성에 대한 연구
는 아직 많이 보이지 않고 있다. 이 절에서는 Ariel의 분석 방법을
이용해서 한국어의 명사반복 형식, 대명사와 영형대명사 등 세 가
지 지칭어의 접근성을 고찰하고자 한다. 구체적으로 보면, 중국어
와 달리 한국어에서는 주로 대명사와 명사반복의 상황이 고찰 대
상이 된다.

이 글은 7편의 글, 모두 26,000자의 언어 자료를 분석하였다. 그
중 2편은 소설[17]이고, 6편은 비소설[18] 글을 선정하였다. 소설을 선

---

17) 1. <순례자의 노래> 중의 일부(오정희, 1983, 약 5,600자), 2. <황혼>(박완서, 1979,
약 10,000자), ≪한국 단편 소설 2≫, 2005, 살림.
18) 1. <열정>(박윤효, 1,500자), 2. <마가리 아저씨의 오두막>(박혜숙, 1,800자), 3.

정하는 기준은 3인칭 인물이 주인공인 소설이며, 비소설 글, 즉 산문을 선정하는 기준은 1인칭 자전성의 글을 피하고 3인칭 사람을 서술대상으로 하는 글이다. 8편의 글에서 주어 위치에 나타난 대명사 조응, 영조응과 명사반복 조응의 조사는 아래 <표 4>와 같다.

〈표 4〉 한국어 텍스트 환경에 의한 조응 형식 분석

| 지칭어 | 텍스트 환경 | | | 합계 |
|---|---|---|---|---|
| | 앞 문장 | 같은 단락 | 다른 단락 | |
| 영형대명사 | 39(24.1%) | 52(32.1%) | 71(43.8%) | 162(100%) |
| 대명사(그, 그녀) | 8(16.7%) | 19(39.6%) | 21(43.7%) | 48(100%) |
| 명사반복 | 11(8.8%) | 29(23.2%) | 85(68%) | 125(100%) |

통계 방법에 대해 설명할 것이 있다. 한국어 언어 자료 중 일부 산문체 글은 1인칭 대명사를 사용하지 않고서 직접 영형대명사를 쓰는 경우가 많은데 이는 중국어에서 드문 상황이다. 이러한 경우는 영형대명사를 '다른 단락'의 텍스트 환경에 분류시켰다. 왜냐하면, 선행어가 글에 직접적으로 나타나지 않지만, 서술성 글 구조에서 그 선행어가 작가 본인인 것을 알 수 있기 때문으로 선행어가 어떤 것인지 글 구조에서 찾아야 해서 조응어와의 거리가 가장 멀다. 이 때문에 이런 상황을 '다른 단락'인 원거리 텍스트 환경으로 분류한다.

<표 4>를 보면, 한국어의 명사반복 형식은 주로 '다른 단락'인

---

<메디슨 카운티의 다리>(이경재, 1,500자), 4. <막내아들과 함께한 여행>(윤상기, 2,300자), 5. <시대를 고뇌한 화가 박이소>(이영애, 2,000자). ≪2010년도 한국 대표 명 산문 선집≫, 2010, 한국문인.

원거리 텍스트 환경에서 사용하게 된다. 그러므로, 명사반복 형식은 저접근성표시어로 분류시킬 수 있다.

대명사는 '같은 단락'과 '다른 단락'의 중거리와 원거리 텍스트 환경에서 비교적 많이 쓰이게 된다. 이렇게 보면, 한국어의 대명사는 중국어의 A식대명사에 해당한다. 하지만 한국어에서 대명사의 사용 총 수량은 아주 적다. 다른 지칭어에 비해 1/3, 혹은 1/4에 불과하다. 대명사를 중저접근성표시어로 분류할 수 있는데, 적게 사용되는 원인에 대해 더 자세하게 분석할 필요가 있다.

영형대명사는 분포 범위가 아주 넓다. 단거리, 중거리, 혹은 원거리의 텍스트 환경에서 많이 쓰이는데, 통계된 수치를 보면 '다른 단락'인 원거리 텍스트 환경에서 가장 많이 나타난다. 한국어의 영형대명사는 중저접근성표시어로 분류해야 된다. 이것은 중국어나 영어 등 다른 언어의 영형대명사가 고접근성표시어인 것과 매우 다르다. 만약, 언어의 공통성 규칙에 의해서 한국어의 영형대명사도 사실상 고접근성표시어라면, 한국어에서 원거리 텍스트 환경에 영형대명사를 사용하는 상황에 대해 더 자세한 분석이 필요할 것이다. 이에 대해서는 4장에서 다룰 것이다.

## 1.4. 중국어와 한국어 조응의 텍스트상의 분포 분석

이 절에서는 중국어와 한국어의 각 조응 방식을 대조하고자 한다. 중국어와 한국어에는 세 가지 조응 방식의 사용 모습이 매우 다르다. 다음 <표 5>는 영조응에 대해 비교해 보았다.

〈표 5〉 중국어와 한국어 텍스트에 영조응의 분포 대조

| | 영형대명사 조응 | | | |
|---|---|---|---|---|
| | 앞 문장 | 같은 단락 | 다른 단락 | 합계 |
| 중국어 | 113(21.0%) | 420(78.1%) | 5(0.9%) | 538(100%) |
| 한국어 | 39(24.1%) | 52(32.1%) | 71(43.8%) | 162(100%) |

<표 5>를 보면, 중국어와 한국어의 영조응 사용 시 몇 가지 다른 점을 볼 수 있다.

첫째, 언어 자료를 통해서 영조응의 사용량을 보면, 26,000자의 한국어 언어 자료에서 영조응의 사용량은 162개인 데 반해, 비슷한 양인 24,000자의 중국어 언어 자료에서 영조응의 사용량은 538개로 3배 정도 많다. 다시 말하면, 중국어의 영조응 사용은 한국어보다 더 많다는 것이다. 이것을 어떻게 이해해야 될까? 이 글은 한국어의 문장 구조 측면에서 그 원인을 설명하고자 한다. 한국어의 문장은 연결어미의 영향을 받아서 몇 개의 동작, 즉 몇 개의 영조응이 포함된 구절을 하나의 긴 문장으로 연결할 수 있다. 이 때문에 영조응의 통계 수치가 적게 나온다. 이런 상황은 다음 예문에서 볼 수 있다.

(14) 그를 본 프란체스카는 그에게 뛰어가고 싶은 욕구를 억누르며 차 문 손잡이를 몇 번이고 잡았다 놓으며 갈등이다. (이경재, <메디슨 카운티의 다리>) (한국어 원문, 영조응 : 0개.)
弗朗西思科i看着他, øi抑制着自己想向他跑去的欲望, øi几次抓住了车门的把手, øi又几次松开了手, øi非常矛盾。 (중국어 번역문, 영조응 : 4개.)

(14)에서 볼 수 있 듯 한국어에서는 '-다, -고' 등 연결어미를 통해서 몇 가지 동작, 혹은 몇 개의 구절을 한 문장으로 통합할 수 있다. 만약 같은 내용을 중국어로 번역한다면, 쉼표로 분리된 몇 개의 문장으로 서술해야 할 것이다. 그렇게 하면, 문장의 수가 많아지고 영조응의 수량도 따라서 많아질 것이다.

둘째, 중국어에서 영형대명사는 고접근성표시어로 보통 단거리 혹은 중거리 텍스트 환경에 사용하게 되는데 원거리 텍스트 환경에서는 사용된 경우가 아주 적다. 이 글에서 조사한 538개의 예문 중 5개에 불과하다. 그런데 한국어는 반대의 상황이다. 43.8%의 영형대명사가 원거리 텍스트 환경에 사용된다. 분포 빈도로 보면, 원거리 텍스트 환경도 영형대명사 혹은 명사반복 형식을 선호한다. 이것은 한국어가 특유한 상황이며 더 자세한 분석이 필요하다.

다음 <표 6>은 중국어와 한국어의 대명사 조응을 대조한 것이다. 중국어에서는 대명사가 두 종류로 분리되는데 B식대명사의 접근성이 영형대명사에 해당하기 때문에 A식대명사를 가지고 한국어의 대명사와 비교하고자 한다.

〈표 6〉 중국어와 한국어 텍스트에 대명사 조응의 분포 대조

| | 대명사 조응 | | | |
|---|---|---|---|---|
| | 앞 문장 | 같은 단락 | 다른 단락 | 합계 |
| 중국어 A식대명사 | 31(15.4%) | 117(57.9%) | 54(26.7%) | 202(100%) |
| 한국어 | 8(16.7%) | 19(39.6%%) | 21(43.7%) | 48(100%) |

<표 6>에서 알 수 있듯이 중국어의 A식대명사는 한국어의 대

명사와 비슷한 접근성이 있으며 둘 다 중거리 혹은 원거리 텍스트 환경에 많이 사용된다. 하지만 양자 간에는 아주 큰 차이가 보인다. 앞에서 이미 한 번 언급했듯이 중국어에서 B식대명사를 제외해도 A식대명사의 사용량은 한국어의 대명사 사용량보다 5배 많다. 한국어 대명사의 이런 사용 상황은 중국어와 다를 뿐만 아니라 영어와도 아주 다르다. 이러한 사용 현상에 대해 더 살펴볼 필요가 있다.

다음은 중국어와 한국어의 명사반복 형식에 대한 비교로 아래 <표 7>과 같다.

<표 7> 중국어와 한국어 텍스트 중 명사반복 조응의 분포 대조

| | 명사반복 조응 | | | |
|---|---|---|---|---|
| | 앞 문장 | 같은 단락 | 다른 단락 | 합계 |
| 중국어 | 0 | 20(20.8%) | 76(79.2%) | 96(100%) |
| 한국어 | 11(8.8%) | 29(23.2%) | 85(68%) | 125(100%) |

<표 7>에서 볼 수 있듯이 중국어 명사반복 조응은 선행어가 있는 문장 바로 뒤 문장, 즉 단거리 텍스트 환경에서 거의 나타나지 않는다. 이와 반대로 한국어 명사반복 조응은 상대적으로 자류롭게 단거리 텍스트 환경에 사용될 수 있다.

위에 나열한 대조와 분석을 종합해 보면 아래 <표 8>과 같은 판단을 내릴 수 있다. 즉, Ariel(1990)의 이론과 방법에 의하면 중국어, 한국어, 그리고 영어의 세 가지 지칭어의 접근성은 다음과 같이 대조될 수 있다.

〈표 8〉 중국어·한국어·영어에 세 가지 지칭어의 접근성 대조

|  | 고접근성 | | 중저접근성 | | 저접근성 |
|---|---|---|---|---|---|
| 중국어 | 영형대명사, B식대명사 | → | A식대명사 | → | 명사반복 |
| 한국어 | 영형대명사 | → | 대명사 | → | 명사반복 |
| 영 어 | 영형대명사, 대명사 | → | … | → | 명사반복 |

〈표 8〉을 보면, 중국어와 한국어는 영어와 달리 세 가지 지칭어의 접근성이 비슷하다는 것을 알 수 있다. 물론 두 언어의 구체적인 사용 상황에 차이가 있기는 한다.

## 2. 세 가지 조응과 텍스트 이해

### 2.1. 조응해결

이재호(2010 : 278)에 의하면, 언어는 의사소통 기능이 우선이다. 언어의 통사나 의미가 그 기반에 있다고 하지만 이해자의 지식이 적용된 화용적 심적 표상은 주어진 언어를 넘어선다고 보겠다. 조응 사용에 대해서 언어 사용자의 이해 과정도 영향을 주기 때문에 심리학의 연구를 통해 텍스트 이해의 측면에서 조응이 사용된 이유와 효과를 고찰하고자 한다.

텍스트를 이해하는 것은 연속적으로 나타난 어휘를 연결하고 통합하는 과정이다. 이들 과정에는 조응해결이 그 중심에 있다. 조응해결은 선행어와 조응어간의 정보를 통합함으로써 복잡한 텍스트

의 응집적 표상을 구성하게 한다. 언어적 형식에서 보면 조응해결의 과정은 선행어－조응어의 어휘를 처리하는 과정으로 보이지만 글말의 기능적인 측면에서는 텍스트 수준의 처리가 함의되어 있다. 그래서 조응해결은 어휘의 의미를 넘어서 통사나 화용 등의 다양한 제약들이 역동적으로 작용하는 복잡한 과정이다.

조응어의 조응해결은 조응어가 제시되면서 시발되지만 조응어의 다양한 유형은 선행어가 지니는 담화적 기능의 영향을 받게 된다. 조응어는 다양한 형태를 지니고 있는데 직접 선행어를 반복하거나, 대명사 조응이나 지시사 조응, 혹은 영형대영사 조응 등이 있다. Gernsbacher(1989, 1990)에 의하면, 이들 조응어의 외현적인 어휘 형태가 조응해결의 처리에 영향을 미치게 된다. 또한, 선행어의 담화 기능적 역할인 초점(focus)은 조응어를 선택하는 과정에 영향을 미치지만 조응어 유형에 따라서 선행어에 접근하는 과정이 다르다.

이 글은 주어 위치의 명사 선행어에 대해 명사반복 조응, 대명사 조응, 그리고 영조응 등 세 가지 조응 방식의 서로 다른 조응해결 과정을 살펴볼 것이다.

위 논술에서 이미 텍스트 생성의 측면에서 설명했듯이, 선행어와 가까운 '앞 문장'인 단거리 텍스트 환경에서는 영형대명사나 대명사 등 고접근성표시어를 사용한다. 중국어의 실제 언어 자료도 이 점을 입증하고 있다. 명사 선행어에 대해 바로 뒤 문장에서 명사 조응을 사용하는 예는 발견되지 않는다. 이 점에 대해 이 글은 텍스트 이해의 측면에서 심리학 실험 결과를 이용하여 분석해 보고자 한다. 다음 예문19)을 보자.

(15) a. 윤주는 민철에게 선물을 주었다. 윤주는 매우 흡족하였다.
　　　b. 윤주는 민철에게 선물을 주었다. 그녀는 매우 흡족하였다.

　Gordon은(1995, 1999) 예문 a처럼, '윤주'가 선행어인 조건에서 '윤주'를 반복하는 조건과 예문 b처럼 '그녀'라는 대명사를 사용한 조건에 대한 문장읽기 과제(sentence reading task)를 실시하였다. 그 결과 명사구 조건이 대명사 조건보다 읽기 시간이 길었다. 그들은 명사반복이 대명사보다 읽기 시간이 길어지는 결과를 명사반복 페널티(repeated noun penalty)라고 하였다. 이 현상은 반드시 조응어의 선행어가 주어인 경우에만 관찰된다고 하였다. 문장읽기 과제는 전체 문장의 읽기 시간을 측정하는 것이다. 조응어와 선행어의 조응해결이 일어나는 동안의 처리 부담이 읽기 시간에 반영된다. 선행어 처리, 선행어 활성화, 조응어 처리, 조응어 활성화, 두 정보의 연결과 통합 등의 모든 조응 처리의 부담이 읽기 시간으로 나타난다. 문장읽기 과제는 비교적 자연적인 읽기 과제로 많은 연구에서 온라인 읽기 과제로 적용되었다. Gordon 등(1999)에 따르면, 선행어가 주어인 조건은 텍스트에서 초점이 될 가능성이 높으며 다른 어휘에 비해서 특별한 위상을 지니게 된다고 한다. 이를 현출성(saliency) 효과라고 하였다. 선행어가 주어인 경우에는 다른 어휘에 비해서 초점이 되며 그 다음의 조응어가 외현적일 필요가 없다. 오히려 이 경우에는 명사구 같은 외현적인 조응어를 사용하면 조응해결을 방해한다고 하였다.

---

19) 이재호(2009 : 549)에서 재인용.

Almor(1999)는 선행어-조응어의 상호 교환 관계를 인지적 처리 부담으로 설명하였다. 선행어가 초점인 경우에는 덜 외현적(explicit)인 조응어가 나타나야 작업기억(working memory)의 처리 부담을 줄일 수 있다고 하였다. 만약 선행어가 초점인 경우에 외현적인 조응어가 나타나면 두 정보의 중복으로 인한 처리 부담이 증가한다는 것이다. 다시 말하면, 선행어가 초점처럼 의미적으로 현저하면 조응어는 의미가 약화되어야 한다는 것이다. 예를 들어 'it-that' 같은 강조문을 사용하면 강조되는 정보는 초점으로의 역할을 하기 때문에 이 경우에 조응어가 대명사인 경우 명사구 혹은 명사반복이 제시되면 처리 부담이 증가하게 된다는 것이다(Klin, Weingartner, Guzman, & Levine, 2004).

이재호(2009 : 559)는 실험을 통해 명사구와 대명사를 비교하였다. 실험과제로 선행글에 대한 자율조절 읽기 과제(self-paced reading task)와 선행어의 탐사재인 과제(probe recognition)가 사용되었다. 실험 결과는 대명사 문장이 명사구 문장에 비해서 읽기 시간이 빨랐다. '대명사는 분명히 명사구에 비해서 선행글의 맥락에 민감하다는 증거를 얻었다.'

위에서 언급된 연구 결과는 텍스트 이해의 측면에서 명사 선행어에 대해 단거리 텍스트 환경에 대명사 조응을 선택하는 원인을 제시한다. 명사반복 조응보다 대명사 조응은 의미를 이해하는 데 더 빠르기 때문이다. 위에서 언급된 심리학 실험 대상은 대명사였지만 그 결과는 영형대명사에도 적용될 것이다. 왜냐하면, 선행어가 초점인 경우에는 덜 외현적인 조응어가 나타나야 작업기억의 처리 부담을 줄일 수 있기 때문이다. 영조응이 가장 비외현적인 조응어로써 처리 부담이 가장 적기 때문에 반응 속도는 가장 빠를 것이다.

Ariel(2001)의 선행어 현조성과 조응어 외현성 이론은 주어, 즉 초점인 선행어는 영조응 혹은 대명사 조응을 가장 우선적으로 선택한다고 하였다. Ariel(2001)에 따르면, 선행어와 조응어는 밀접한 상호 관계가 있다고 하였다. 그는 조응적 표현에 대하여 척도화를 시도하였다(<표 9>를 참조). 즉 낮은 접근성에서 높은 접근성으로 나열하면 명사구 < 지시사 < 대명사 < 영형대명사의 순이 된다고 하였다. 이 이론에 따르면 선행어가 현저한 초점인 경우에는 조응어가 접근 위계에서 높은 대명사나 영형대명사가 나타나며 상대적으로 현저하지 않은 경우에는 명사구나 지시대명사가 나타난다고 하였다. 이는 영어나 이스라엘어에서 얻어진 결과이다.

〈표 9〉 선행어와 조응어의 형태-표현의 직선적 상관관계

| 선행어 | 초점 선행어 | 비초점 선행어 |
|---|---|---|
| 조응어 | 영형대명사>= 대명사　>지시사> 그+명사구 > 명사구 | |

Ariel(2001)은 대명사와 영형대명사를 선행어의 접근성에서 같은 수준으로 보았다. 즉 두 조응어는 선행어가 초점인 경우에 사용된다고 하였다. Gundel, Hegarty & Borthen(2001) 또한 두 조응어는 선행어가 초점인 경우에 사용된다고 하였다. 이들 이론에 따르면 대명사나 영형대명사는 조응해결의 과정이 유사하게 일어날 가능

성을 시사한다. 즉 문장읽기 시간에서는 대명사 조응과 영조응은 반응시간의 차이가 없을 것이라고 할 수 있겠다. 이재호(2010 : 266, 274)는 대명사 조응과 영조응에 대한 심리학 실험을 실시하여 문장 읽기 시간은 둘 간의 차이가 없었다는 결과를 얻었다. 그리고, 대명사 조응에 비해서 영조응은 선행어에 더욱 민감하다는 증거도 얻었다.

그런데, Ariel(2001)이 제시한 선행어-조응어의 현출성-외현성의 상호작용적 상관관계 이론에 대해 이숙(2008)은 영조응을 사용하는 경우는 반드시 선행어가 초점이 아니며 오히려 초점이 아닌 정보를 사용하는 경우도 있다고 하였다. 비주어 위치에 있는 명사 선행어도 후행글에 영조응을 사용할 수 있다는 것은 한국어에서 흔히 볼 수 있는 현상이고 중국어에서도 많이 존재하는 용법이다. 다음의 중국어 예문 (7)을 보자.

> (16) 他不由地想到：他若有朝一日发了财, 就必用许多<u>中国仆人</u>i, Øi
> 都穿一种由他设计的服装, Øi都戴红缨帽。(老舍 ≪正红旗下≫)
> 그는 뜬금없이 생각에 빠졌다 : 만약 그가 어느 날 돈을 많이
> 벌게 된다면, 꼭 많은 중국하인을 고용해서, 다 그가 설계한
> 복장을 입히고, 다 빨간 모자를 씌울 것이다.

(16)을 보면, 문장에 표시된 두 개의 영조응은 선행어가 비초점인 목적어 위치에 있는 명사 '中国仆人'이다.

그 외에, 许余龙 등(2008)의 분석에 의하면, '6가지 조응해결 계산 방법 중 어느 방법을 이용하든 중국어 영형대명사의 조응해결 정

확도는 대명사보다 높다. 가장 높을 때는 20% 가량 더 높다.'고 하였다. 다시 말해, 중국어 영조응은 대명사 조응보다 선행어에 더 민감하고 더 빠르게 반응한다는 것이다.

다음으로, 위 글에서 언급한 텍스트 생성의 측면과 텍스트 이해의 측면에서 주어 위치의 명사 선행어에 대해 명사 조응보다 대명사 조응이나 영조응을 선택하는 이유와 효과를 분석하고자 한다. 중국어의 예문을 통해서 자세하게 살펴보겠다. 다음 예문들을 보자.

(17) <u>庄建敏</u>$_i$在走廊里长长地舒了一口气, <u>他</u>$_i$觉得心情轻松了很多。
(谢志斌《扶贫》)
庄建敏은 복도에서 숨을 크게 쉬었는데, 그는 마음이 많이 가벼워 진다고 느꼈다.

(17a) 庄建敏在走廊里长长地舒了一口气, Ø$_i$觉得心情轻松了很多。

(17b) *庄建敏在走廊里长长地舒了一口气, 庄建敏觉得心情轻松了很多。

(17)의 명사 선행어 '庄建敏'은 주어이고 문장의 초점이어서 뒤 문장에 인칭대명사 조응 '他'를 사용했다. 만약 (17a)처럼 후행글에 영조응을 사용하더라도 어법에 맞는 문장이다. 하지만 (17b)처럼 후행글에 명사반복형식 '庄建敏'을 쓰게 되면 비문이 된다. 다음 (18)을 보자.

(18) <u>母亲</u>喝了茶, Ø$_i$脱了刚才上街穿的袍罩, Ø$_i$盘腿坐在炕上。(老舍《正红旗下》)
어머니는 차를 드시고는, 방금 나가셨을 때 입으셨던 외투를 벗고, 방구들에 책상다리를 하고 앉으셨다.

(18a) <u>母亲</u>i喝了茶, <u>她</u>脱了刚才上街穿的袍罩, Øi盘腿坐在炕上。

(18b) <u>母亲</u>i喝了茶, Øi脱了刚才上街穿的袍罩, 她i盘腿坐在炕上。

(18c) *<u>母亲</u>喝了茶, 母亲脱了刚才上街穿的袍罩, 母亲盘腿坐在炕上。

(18d) *<u>母亲</u>i喝了茶, <u>她</u>脱了刚才上街穿的袍罩, 她i盘腿坐在炕上。


(18)의 주어 위치에 있는 명사 선행어 '母亲'은 문장의 초점인데, 후행글 두 군데에서 영조응을 사용하였다. 만약 (18a) 혹은 (18b)처럼 그 중 한 군데를 대명사 조응으로 바꿔도 문장은 성립한다. 하지만 (18c)처럼 후행글 두 군데에 다 명사 조응을 사용하면 비문이 된다. 그리고, (18d)처럼 두 군데에 다 대명사 조응을 사용해도 비문이 된다. 이는 대명사 조응을 연속적으로 사용하게 되면 같은 정보가 반복 출현하여 조응해결 처리에 부담이 증가하기 때문이다. (18d)와 같은 문장은 중국어의 특수한 경우, 예를 들면, 수사적인 효과를 추구하기 위해 대구법을 사용할 때만 이런 용법이 허용된다. (18d)와 같은 상황에 대해 영어에서는 관련된 연구가 보이지 않았다. 영어에는 대명사가 문장마다 출현하는 것이 어법에 맞기 때문이다. 다음의 영어 예문을 보자.


(19) **Bill** started his two-year term with the energy of a race-horse exploding from the gate. **He** had made dozens of campaign promises, and **he** started fulfilling them in his first days in office. (*Living History*, Hillary Rodham Clinton, 2003 : 122.)

Bill은 경주마가 문에서 출발하는 것과 같은 에너지로 이 년

의 임기를 시작했다. 그는 수십 개의 선거 공약을 했었는데,
임기를 시작한 첫 날부터 그것들을 실행하기 시작했다.

(19)의 주어 위치의 명사 선행어 'Bill'은 후행글에서 다 대명사
조응 'he'를 사용했다. 영어에서는 문장에 주어가 있는 것이 문법
적인 요구이기 때문에 문장마다 대명사 조응이 사용되는 것이 정
상이다. 그러므로 영어에서는 이에 대해 연구할 필요가 없다.

중국어는 杨宁(2008)의 연구에 의하면, 영조응과 대명사 조응의
차이만 있는 똑같은 문장에 대해 읽는 시간과 반응 시간을 분석해
본 결과, 모든 문장에 대명사 조응이 사용된 글은 읽는 시간이 가
장 길고, 모든 것에 영조응이 사용된 글은 읽는 시간이 둘째로 길
고, 사람들이 자연스럽게 사용하는 글은 읽는 시간이 가장 짧았다.
이 실험의 결과는 이 글에서 추측했던 것과 상호 일치한다. 즉, 명
사반복 조응과 같이, 중국어에서 연속적으로 사용된 대명사 조응도
조응해결 과정에 처리 부담을 증가시킨다는 것이다. 이 때문에 중
국어에서는 연속적인 대명사 조응을 사용하지 않는다. 중국어뿐만
아니라, 한국어에서도 같은 상황이다. 다음 예문을 보자.

(20) a 철수는 외투를 벗었다. b 그는 물을 마셨다. c 그는 의자에앉
았다.
(21) 철수는 외투를 벗었다, 그는 물을 마셨다, 그는 의자에 앉았다.

(20)의 세 개의 문장은 세 가지 동작을 서술하는데 각각 a, b, c
로 표시된다. 23명의 한국어가 모국어인 화자들에게 실험20)을 시

행했다. 실험 방법은 (20)에 제시된 3개의 문장을 자연스러운 문장으로 연결하라는 것이다. 실험 결과는 다음과 같다. 23명의 피험자 중 21명은 대명사 '그'를 전혀 사용하지 않고 한 문장으로 연결했다. 2명만 대명사 '그'를 한 군데 사용해서 문장을 완성했다. (21)처럼 대명사 '그'를 연속적으로 사용한 경우는 없었다. (21)에 대해 피험자들이 동일한 평가를 내렸다. 즉, "(21)는 3인칭 대명사를 너무 많이 써서 문장이 자연스럽지 않다. 접속사를 써서 한 문장으로 연결해야 된다."는 것이다. 피험자 중 몇 명은 다음과 같은 해석을 덧붙였다. 즉, "'그는'이라는 주어를 다시 쓰면 문장이 끊어졌다는 느낌이 든다." 그리고, "그가 철수인지 확신할 수 없다."는 것이다. 이 실험을 통해서 한국어에서는 '명사반복 페널티'와 같은 '대명사 반복 페널티'도 있다는 것을 증명할 수 있다. 중국어도 한국어와 마찬가지다.


## 2.2. 조응해결에 영향을 미치는 요소

심리학 연구에서도 밝혔다시피 텍스트 이해에 독자가 조응어를 해결하는 과정, 즉 독자가 조응어와 상응하는 선행어를 찾는 과정에 몇 가지 요소의 영향을 받는다.

만약 선행어가 주어 위치에 놓인 명사일 경우, 조응해결 과정에서 선행어와 조응어의 거리가 조응해결에 영향을 주는 하나의 요

---

20) 2012년 3-4월에 서울대학교 '중국어회화1', '중국어회화2' 수업을 들은 한국 학생을 대상으로 조사를 실시하였다. 수강생 23명은 모두 한국어 모국어화자다.

인이 되는지는 심리학 연구의 중요한 부분이다. 일부 연구에 따르면 대명사와 선행어가 서로 멀리 떨어져 있을수록 대명사가 지칭하는 것을 확정하는 데 걸리는 시간은 길어진다. 하지만 다른 연구자들은 거리가 대명사의 조응해결 과정에 영향을 주지 않는다고 주장한다.

중국어에서 赵冬梅·刘志雅(2006)의 심리학 실험 결과에 따르면 조응어와 선행어의 거리는 조응해결에 영향을 주지 않는다.

王穗苹 등(2001)은 실험을 통해 조응해결 과정에 거리 효과를 보여주지 않는다는 결과를 얻었다.

1.2.2.에 중국어의 언어 자료에 대한 조사에 따라 중국어 A식대명사가 '다른 단락'인 원거리 텍스트 환경에서 출현하는 비율은 26.7%이고, 영형대명사가 '다른 단락'인 원거리 텍스트 환경에서 출현하는 비율은 0.9%에 불과하며 대부분 '같은 단락'인 중거리 텍스트 환경에서 출현한다. 하지만 '같은 단락'의 텍스트 환경에서 영조응과 선행어 간에 여러 문장이 있을 수 있다. 이러한 실제 언어 상황에 비추어 보았을 때 다음과 같은 결론을 내릴 수 있다. 즉, 조응어와 선행어의 거리는 조응해결 과정에 영향을 주지 않는다는 것이다. 이와 관련해서 다음 대명사를 사용한 예문을 보자.

> (22) <u>马先生</u>i看了看客厅，然后Øi由楼梯下去，Øi到厨房连温都太太的卧室都看了一个过儿。Øi向来没进过她的屋里去，这次进去，心里还是有点发虚，Øi提手蹑脚的走，好像唯恐叫人看见，Øi虽然明知屋里没有人。Øi进去之后，Øi闻着屋里淡淡的香粉味，心里又不由得一阵发酸。a他站在镜子前边，Øi呆呆的立着，半天，Øi

又要走, Øi又舍不得动。Øi要想温都寡妇, Øi又不愿意想。Øi要
想故去的妻子, Øi又渺茫的想不清楚。Øi不知不觉的出来了，心
里迷迷糊糊的，好像吃过午饭睡觉做的那种梦，似乎是想着点什
么东西，又似乎是麻糊一片。一点脚步声儿没有，b他到了玛力
卧房的门口。门儿开着，Øi正看见她的小铁床。(老舍≪二马≫)
马先生은 거실을 본 후 계단으로 내려왔다. 주방에 와서 원두
부인의 침실을 살짝 쳐다봤다. 이제까지 들어가 본 적이 없는
그녀의 방에 들어가려니 마음은 여전히 조마조마했다. 누가
볼까 두려워 살금살금 걸었다. 방에는 아무도 없지만 들어간
후 방 안의 향기로운 분가루 냄새를 맡으니 마음이 저절로
살짝 시큰거렸다. 그는 거울 앞에 서서 한참 동안 멍하니 서
있었다. 다시 발걸음을 떼려 했지만 움직이기 아쉬웠다. 원두
부인이 생각나지만 다시 생각하고 싶지 않았다. 세상을 떠난
아내가 생각났지만 막연할 뿐 뚜렷하게 생각나지 않았다. 자
신도 모르게 밖으로 나왔다. 혼미해져서 마치 점심을 먹고 꿈
을 꾸고 있는 듯 했다. 무슨 생각을 하고 있는 것은 분명하나
그저 모호할 뿐이다. 발걸음 소리가 전혀 없는 채, 그는 마리의
침실 문에 다다라 문을 열고 그녀의 작은 침대를 쳐다보았다.


(22)은 주어 위치에 있는 선행어인 '马先生'에 대해 후행글에서
영조응과 대명사 조응을 사용했다. a자리의 대명사 조응 '他'와 b
자리의 대명사 조응 '他'의 경우 양자는 조응해결 과정이 동등하게
용이했다. b자리의 대명사 조응 '他'는 선행어 '马先生'과 더 멀지
만 조응해결에 영향을 주지 않았다.

한국어의 상황을 살펴보자. 1.3.에 한국어 언어 자료 조사 상황
을 보면 한국어에서 거의 반 정도(43.8%)의 영형대명사 형식이 '다

른 단락'인 원거리 텍스트 환경에서 출현한다. 또한 역시 거의 반에 가까운(43.7%) 대명사 조응이 선행사와 다른 단락인 원거리 텍스트 환경에서 출현한다. 이것으로 볼 때 중국어와 마찬가지로 한국어의 대명사 조응과 영조응의 조응해결 과정에 거리가 영향을 주는 요소가 아니며 적어도 주요 요소도 아니라는 것이다. 그렇다면 무엇이 조응해결 과정에 영향을 주는 주요 요인일까? 선행어가 주어 위치에 있는 것이 아닌 경우, 선행어의 위치, 동사의 의미, 몇 개의 선행어의 언급 순서, 선행어의 사용 빈도 및 대명사의 성별 등이 조응해결 과정에 영향을 줄 것이며 이에 대한 심리학 연구 결과는 많이 있다. 예를 들면, 송현주, 윤정은(2007), 이재호(2009, 2010), Levine 등(2000), McDonald & MacWhinney(1995), Malmberg.K.J 등(2003), Arnold 등(2000), 廖小春(1994, 1996), 周治金 등(2001), 白学军 등(2005), 焦建亭(2005), 王文静(2006) 등이 있다.

이 글에서 연구하는 주어 위치의 명사 선행어의 경우, 조응어가 조응해결 과정에서 받은 요소는 상대적으로 적다. 赵冬梅·刘志雅(2006)의 실험연구 결과에 따르면 선행어와 조응어 사이의 간섭어는 조응해결에 영향을 줄 것이며, 선행어에 대해 전형적인 간섭어라면 선행어와 조응어 간의 거리가 가깝든 멀든 조응해결을 실패로 만들 것이다. 즉, 선행어와 조응어 사이에 경쟁성이 강한 기타 명사 간섭어가 존재할 때 대명사 조응이나 영조응의 조응해결은 실패할 것이다. 즉, 독자는 대명사 조응이나 영조응의 선행어가 어떤 것인지 애매하게 느낄 것이다. 다음의 중국어 문장을 예를 들면 간섭어의 영향을 분명하게 살펴볼 수 있다.

(23) a <u>车夫们</u>i本来是看热闹, b Øi看见<u>刘四爷</u>j骂祥子, c <u>大家</u>i还记
着早晨那一场, d Øi觉得很痛快。(老舍≪骆驼祥子≫)
인력거꾼들은 원래 구경만 하려고 했던 건데 刘四爷가 祥子
를 꾸짖는 것을 보고 아침에 있었던 일이 생각나 속이 시원해
졌다.

(23a) a <u>车夫们</u>i本来是看热闹, b Øi看见<u>刘四爷</u>j骂祥子, c Ø(i?, j?)
还记着早晨那一场, d Øi觉得很痛快。

(23)에서 주어 위치에 있는 명사 선행어인 '车夫们'은 b문장에서
영조응을 사용하고 b문장에서 또 다른 명사 선행사인 '刘四爷'가
주어로 출현했다. 만약 (23a)처럼 뒤에 있는 c문장에서 영조응을 계
속 사용하면, 이 자리의 영조응은 조응해결을 할 때 어려움이 생길
것이다. '车夫们'을 가리킬 수도 있고 '刘四爷'를 가리킬 수도 있기
때문이다. 이에 '刘四爷'는 전형적인 간섭어이므로 뒤의 영조응의
조응해결을 실패하도록 만들 것이다.

다양한 방법으로 진행되는 많은 연구를 통해서 알 수 있듯이, 조
응해결 과정에 선행어의 심리적 활성화 정도가 높아지고 동시에
비선행어의 심리적 활성화 정도를 하락시킨다. 앞에서 언급한 사물
을 대명사로 다시 언급하면 화자가 서술 중심을 이미 언급하던 사
물로 전환시켰다는 것을 의미한다. 따라서 독자나 청자가 이 사물
에 관한 심리적 활성화 정도도 그에 상응하여 높아진다. 이것은 언
어 이해에 일종의 경향을 반영하고, 서술 중심이 활성화 정도가 높
은 상태를 유지하도록 한다는 것을 보여준다.

## 3. 소결

2장은 우선 인지언어학적으로 Ariel(1990)의 접근성 이론을 이용해서 중국어와 한국어의 명사, 인칭대명사와 영형대명사의 접근성 정도를 비교하였다. 만약 이 세 가지 지칭어의 접근성에 차이가 있다면 인지적으로 두 언어의 명사반복 조응, 인칭대명사 조응과 영 조응의 용법 차이의 원인을 설명할 수 있을 것이다.

이 글에서 중국어를 고찰할 때 우선 3인칭 대명사를 두 가지로 나누었다. 3인칭 대명사는 서구화란 역사적 변화를 겪었기 때문에 텍스트에 원래 쓰지 않아도 되는 곳에 빈번하게 사용된다. 이와 더불어 화자가 의도를 표시하기 위해 텍스트에 원래 안 써도 되는 곳에 3인칭 대명사를 쓴다. 이러한 3인칭 대명사는 영형대명사로 대체 가능하고 B식대명사라고 분류한다. 그 외 필수적으로 써야 되는 대명사이며 영형대명사로 대체 불가능한 대명사는 A식대명사로 분류된다.

이 글에서는 Ariel(1990)의 분석 방법을 이용해서 중국어와 한국어의 실제 언어 자료를 분석하고 통계하였다. 이에 따르면, 중국어와 한국어의 명사반복 형식은 저접근성표시어, 중국어의 A식대명사와 한국어의 대명사는 중저접근성표시어, 중국어의 영형대명사와 B식대명사, 그리고 한국어의 영형대명사는 고접근성표시어다. 즉, 중국어와 한국어의 이 세 가지 지칭어가 비슷하거나 같은 접근성 정도를 가지고 있다는 것이다.

　인지언어학적 연구 결과를 검증하기 위해 심리학 연구 결과를 이용하여 텍스트 이해의 측면에서 고찰하였다. 중국어와 한국어는 명사 선행어에 대해 명사반복 페널티에 의해 후행글에 명사반복 조응을 사용할 수 없고 대명사 조응이나 영조응을 사용해야 된다. 그리고, 연속적으로 사용된 대명사 조응도 조응해결 과정에 처리 부담을 증가시키기 때문에 연속적인 대명사 조응을 사용하지 않는다. 중국어와 한국어의 세 가지 조응은 조응해결 과정에서도 유사한 요소의 영향을 받는다.

　인지언어학과 심리학적 분석 결과를 보면 두 언어의 명사반복 조응, 인칭대명사 조응과 영조응의 사용은 인지적과 심리적으로 비슷하거나 같은 원리와 모습을 가지고 있다. 따라서 두 언어의 세 가지 조응의 서로 다른 용법은 다른 복잡한 요소의 영향을 받고 있다는 것을 알 수 있고, 이는 다른 시각으로 두 언어의 조응 용법의 차이점에 대한 연구의 필요성이 제기되었다.

# 제3장
# 명사반복 조응

2장에서는 Ariel(1990)의 접근성 이론을 이용해서 거리 기준으로 텍스트를 고찰한 바 있다. 그런데, 단지 거리의 기준으로 만은 조응어를 결정할 수 없고 언어의 구조적 특성(structural properties), 화자의 표시 의도, 회화 목적 등 비구조적 요소도 중요한 역할을 한다. Ariel이 인지적으로 지칭어의 접근성을 분석했지만 지칭어의 접근성과 텍스트의 거리가 항상 일치하는 것은 아니다. 즉, 명사와 같은 저접근성지칭어는 단거리 텍스트 환경, 영형대명사와 같은 고접근성지칭어는 원거리 텍스트 환경에도 종종 나타난다. 이러한 조응 현상들을 잘 설명하기 위해서는 언어 구조와 비구조적 요소도 같이 분석해야 된다. 그러므로 3장에서는 Barbara A. Fox(1987)가 영어의 구조를 연구해서 얻은 영어의 조응 모델, 그리고 그가 제시한 여러 비구조적 요소들을 참고해서 중국어의 명사반복 조응 현상을 고찰하기로 한다. 이 글에서는 Fox가 제시한 영어의 조응 모델처럼 중국어의 기본적인 조응 모델도 모색하고자 한다.

3장에서는 중국어의 명사반복 조응을 문어체 텍스트와 대화체 텍스트로 나누어서 고찰하고자 한다. 이는 명사반복 조응이 문어체와 대화체 텍스트에서 서로 다른 모습과 효과를 지니기 때문이다. 명사반복 조응은 문어체 텍스트에서 의미적으로 비연속성 기능을 갖고 있으며, 의미 단위를 표시해 줄 수 있는 기능 또한 지닌다. 대화체 텍스트에는 화용적으로 초점화, 존대 표시, 시각 전환이란 기능이 있는데 이는 아래에서 상술할 것이다.

더불어 명사반복 조응에 대해서 논술할 때 규명할 것이 있다. 텍스트에 나타난 대명사 형식과 영형대명사 형식은 확실히 조응 형식으로 칭할 수 있는 것과 달리, 텍스트에 나타난 명사 형식은 상황에 따라서 기능이 다를 수 있기 때문에 한 명사 형식이 선행어인지 조응어인지에 대한 혼란이 발생할 수 있다는 점이다. 인지언어학 관점으로 보면, 텍스트에서 하나의 명사 선행어가 출현한 후 원거리(다른 문장 혹은 다른 단락)에서 사용된 명사반복 형식은 모두 조응어다.[21] 즉, 한 편의 텍스트에서 동일한 사람을 지칭할 때는 맨 처음에 나타난 명사 형식이 진정한 선행어이고 나머지 명사반복 형식은 모두 조응어로 본다는 것이다. 그렇지만, 연구자들은 원거리에서 사용된 명사반복 조응 형식을 선행어로 부르는 경우가 많다. 이 글에는 서술 편리상 텍스트 의미론의 관점에서 원거리에 나타난 명사반복 조응 형식이 선행어의 역할을 할 수 있다면 선행어

---

21) Ariel(1990 : 19) : In larger distances, anaphoric expressions of Low Accessibility are most popular. (원거리에는 저접근성 조응어가 가장 많다.)

로 구분하고자 한다.


# 1. 명사반복 조응의 의미적 기능

## 1.1. 비연속성

Ariel(1990)의 접근성 이론에 따르면 명사반복 조응은 원거리 텍스트 환경에서 출현한다. 인지적 관점에서 볼 때 선행어가 지칭하는 실체는 기억 속에서의 활성화 정도가 낮아진다. 이에 가장 많은 의미 정보를 가진 명사 형식을 선택해서 조응해야만 독자나 청자가 이해하는 데 수월하다.

텍스트의 각도에서 볼 때, 명사반복 조응은 원거리 텍스트 환경에서 출현하는데 이는 명사반복 조응과 선행어 간의 연결성이 강하지 않다는 것을 보여준다. 다시 말해서 명사반복 조응 형식은 선행어를 벗어나서 존재할 수 있으며 스스로 독립해서 뒤 문장의 신행어가 될 수 있다. 따라서 텍스트의 관점에서 보면 원래 조응어인 명사 형식은 스스로 새로운 선행어가 되고 그 뒤 단락의 말을 열면서 뒤에서 서술하는 문장에서 각 조응 형식이 가리키는 대상이 된다. 따라서, 이 새로운 명사 선행어가 이끄는 문장과 앞에 있는 명사 선행어가 이끄는 문장 양자가 표현하는 주제와 의미 중심은 달라진다. 이처럼 새로운 주제를 이끄는 명사 형식은 텍스트에서 의미 단위를 나누는 표시로 볼 수 있다. 이는 명사 형식이 이끄는 문장들이 의미적으로 하나의 영역이라는 것을 보여준다. 이에 다음과 같은 설명이 가능하다. 즉 대명사 형식과 영형대명사 형식은 '앞으로 향하는' 경향이 있고 선행어에 의존해야 하며 조응해결 과정을 통해서 텍스트의 의미를 긴밀하게 연결시키며 '연속성의 의미 표현'이라는 특징이 있다. 그러나 명사 형식은 '뒤로 향하는' 경향이 있어서 앞에 있는 선행어에 의존할 필요가 없다. 반대로 독립적으로 뒷문장의 선행어가 될 수 있다. 따라서 명사 형식의 출현은 앞의 문장들의 의미 서술을 끊고 다시 새로운 의미를 연다는 것을 의미한다. 이러한 의미에서 명사 형식은 '비연속성'의 의미 표현이라는 특징이 있다. 이렇게 비연속성이란 특징을 갖는 명사 형식은 반드시 앞 문장 끝의 마침표 뒤에 나타난다. 마침표는 하나의 의미 서술이 끝난다는 것을 표시한다. 마침표 뒤에 사용된 명사 형식[22]은 마침표와 더불어 앞의 서술 주제를 끝내고 새로운 서술 주제를 이끈다. 다음 예문을 통해서 살펴 보자.

(24) A吳先生i1直着腰板, 饭碗大的拳头握着枝羊毫, Øi写着酱肘子体的字, 脸上通红, 心中一团正气。B吳先生i2是以正直自夸的, Øi非常的正直, Øi甚至于把自己不正直的行为也视为正直。(老舍, ≪离婚≫)

吳先生은 허리를 펴고 밥그릇 같이 큰 주먹으로 붓필을 잡은 다음 글씨를 쓰자 얼굴이 빨개지고 마음 속엔 정의로 가득 찼다. 吳先生은 자신의 정직함을 자랑스럽게 여겨 심지어는 자신의 정직하지 않은 행위도 정직하다고 생각했다.

---

22) 쉼표와 같이 서술이 아직 끝나지 않았다는 것을 표시하는 문장 부호 뒤에 사용된 명사 형식에 대한 논술은 제2장 1.2.를 참조.

(24)를 보면, 명사 형식의 주어 '吳先生1'와 '吳先生2'는 각각 두 개의 문장(sentence, 즉, 마침표로 끝나는 완전한 문장 구조)을 이끈다. 두 문장의 의미를 보면, 첫 번째 문장은 '吳先生'이 글을 쓰는 구체적인 동작과 모습을 묘사한 것이고, 두 번째 문장은 '吳先生'이 자기를 정직하다고 여긴 것에 대해 서술한 것이다. 두 개의 문장은 서로 다른 의미를 서술하고 있는데 앞 문장의 '동작/모습'이 뒤 문장의 '생각'으로 바뀐 것이다. 이 두 개의 의미는 각각 A, B로 표시된다. 마침표 뒤에 나타난 명사 형식 '吳先生2'가 명사 형식으로써 충분한 정보를 제공할 수 있기 때문에 앞 문장의 명사 형식 '吳先生1'에 의존하지 않고 독립적으로 하나의 의미 단위를 표시할 수 있다. 그런데 만약 마침표 뒤 두 번째 문장에 대명사 형식 '他'를 쓰면 '他'가 누구를 가리키는 것인지를 앞 문장에서 상응하는 선행어를 찾아야 된다. 결국은 대명사 '他' 앞에 마침표가 있는지 없는지와 상관없이 두 번째 문장과 첫 번째 문장은 분리할 수 없는 관계가 형성된다. 즉, 두 개의 문장은 긴밀한 관계를 가지고 있고 서로 분리할 수 없는 하나의 의미 단위에 속한다는 것이다. 여기서 작가의 서술 의도 또한 엿볼 수 있는데, 작가는 대명사 형식을 씀으로써 앞 뒤 문장을 하나의 의미 단위로 만든 데 반해, 명사 형식을 씀으로써 두 문장을 두 개의 의미 단위로 나눈다.

(25) A虎爺1没放声哭, 可是泪始终没干, 头上出着冷汗。B虎爺2从十二岁就跟着爸。(老舍, ≪牛天赐传≫)

　　虎爺는 소리 내어 울지는 않았지만 눈물이 계속 마르지 않았

고 머리에서는 진땀이 계속 났다. 虎爷는 열두 살 때부터 아
버지(天赐의 아버지)와 함께 살았다.

　(25)에 명사 형식인 주어 '虎爷'는 2개가 있다. 첫 번째 문장은
(天赐의 아버지가 죽은 후) '虎爷1'의 어떤 구체적인 행위와 모습에
대해 묘사하고 있고, 두 번째 문장은 '虎爷2'가 어렸을 때부터 아
버님과 함께 살았다는 사실을 서술하고 있다. 이 두 문장은 서로
다른 의미를 서술하고 있는데 각각 A, B로 표시된다. 만약 마침표
뒤에 '虎爷2'를 쓰지 않고 대신 대명사 형식 '他'를 쓰면 반드시 앞
문장에서 상응하는 선행어를 찾아야 된다. 그렇게 되면 이 두 문장
은 양자 간에 마침표가 있더라도 의미상 분리할 수 없고 긴밀하게
연결되어 하나의 의미 단위가 된다. 그런데 두 번째 문장에서 대명
사를 쓰지 않고 다시 명사 형식 '虎爷2'를 반복해서 사용하면 앞의
'虎爷1'에 의존할 필요가 없게 되어 독립적인 한 의미 단위를 표시
할 수 있다. 이렇게 마침표 뒤에 명사반복 형식을 사용함으로써 두
개의 문장을 두 개의 의미 단위로 분리한 것이다.

　(26) A ①大姐夫1可有不同的意见。②在许多方面, 他都敬佩二哥。
　　　③可是, 他觉得二哥的当油漆匠与自居为白莲教徒都不足为法。
　　　B ④大姐夫2比二哥高着一寸多。(老舍, ≪正红旗下≫)
　　　형부는 다른 의견을 가지고 있다. 여러 방면에서 그는 둘째
　　　형을 존경한다. 하지만 둘째 형이 미장이를 하는 것과 백련교
　　　도로 사는 것은 잘못되었다고 생각한다. 형부는 둘째 형보다
　　　3cm나 더 크다.

(26)은 비슷한 상황이지만 명사 형식인 주어 '大姐夫1'가 이끄는 문장이 모두 3개인데 기호 ①~③로 표시하였다. ②, ③의 주어 위치에 대명사 형식 '他'가 사용되었기 때문에 반드시 앞의 명사 선행어 '大姐夫1'로 조응해결이 가능하다. 그러므로 이 3개의 문장들이 긴밀하게 연결되어서 하나의 서술 단위 A가 결성되었다. 이들 문장은 형부의 둘째 형에 대한 태도를 서술하고 있다. ④의 마침표 뒤에 다시 명사 형식 '大姐夫2'가 나타나는데 새로운 주제 B, 즉 형부가 둘째 형보다 키가 크다는 내용을 서술했다. 이렇게 두 개의 명사 형식은 두 개의 서술 단위를 이끌어 낸다.

(27) A ①马先生1到后院去浇了一回花儿。②一个多礼拜没下雨, 花叶儿, 特别是桂竹香的, 有点发黄。③他轻轻的把黄透了的全掐下来, 就手来把玫瑰花的冗条子也打了打。B ④响晴的蓝天, 一点风儿也没有, 远处的车声, 一劲儿响。C ⑤马先生2看着一朵玫瑰花, 听着远处的车响, 心里说不上来的有点难过！勉强想着玛力的帽子, 也不是怎么回事, 笑不上来了！抬头看了看蓝天, 亮, 远, 无限的远, 还有点惨淡！(老舍, 《ㅡ马》)

마선생은 후원의 꽃에 물을 주었다. 일주일 동안 비가 오지 않아 꽃잎, 특히 계죽향이 누런 색을 띠었다. 그는 변색된 잎들을 모두 떼어 내고 장미꽃의 가지를 손으로 톡톡 쳤다. 맑은 하늘에 바람은 전혀 없고, 멀리서 자동차 소리가 들려왔다. 마선생은 장미 한 송이를 보며 먼 곳으로부터 울리는 자동차 소리를 듣고 있자니 뭔가 마음이 심란해졌다. 마리의 모자를 떠올리려 했으나 어찌된 일인지 웃음이 나질 않았다! 고개를 들어 하늘을 보니 맑고, 높고, 끝없이 멀게 보이는 것이 참담하게까지 느껴졌다!

앞의 글에서 명사 형식인 주어 '马先生1'와 '马先生2' 사이에 마침표로 분리된 문장이 모두 4개인데 각각 기호 ①~④로 표시했다. 먼저 ③의 내용을 보면, 대명사 조응 '他'가 사용되었는데 앞의 ①, ②와 더불어 같은 서술 주제에 속한다. 즉, '马先生'이 꽃을 정리한다는 내용이다. ④는 주변 사물과 풍경을 묘사하는 문장인데 앞과 뒤 문장들로부터 독립할 수 있다. ⑤는 다시 명사 형식 '马先生'이 나타났는데, 새로운 주제 즉 '马先生'의 심리 상태에 대해 서술한 것이다. 이렇게 명사 형식 '马先生1'과 '马先生2'는 각각 서술 주제가 다른 문장들을 이끈다. 즉, 의미적으로 보면 ①~③은 하나의 단위이고 ⑤는 다른 하나의 새로운 단위를 형성한다. ④는 독립적으로 또 하나의 단위로 귀납할 수 있다. 세 개의 단위는 각각 A, B, C로 표시된다.

위의 예문들을 통해 명사 형식은 대명사 형식의 '앞으로 향하는' 특성과 달리 '뒤로 향하는' 특성이 있음을 알 수 있다. 그리고, 마침표 뒤에 다시 사용된 명사반복 형식은 앞의 명사 형식이 이끄는 문장이 서술한 주제와 달리 새로운 서술 주제를 시작하며, 앞의 의미 단위를 끝내고 새로운 의미 단위를 시작시키는 기능이 있다고 볼 수 있다. 즉, 명사반복 형식은 텍스트 의미적으로 보면 '비연속성'이란 특성이 있다. 아래 <표 10>은 이러한 '비연속성'을 표시하는 것이다.

〈표 10〉 명사반복 형식의 비연속성

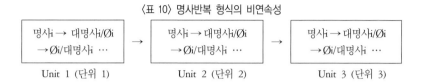

| 명사i → 대명사i/Øi<br>→Øi/대명사i … | → | 명사i → 대명사i/Øi<br>→Øi/대명사i … | → | 명사i → 대명사i/Øi<br>→Øi/대명사i … |
|:---:|:---:|:---:|:---:|:---:|
| Unit 1 (단위 1) | | Unit 2 (단위 2) | | Unit 3 (단위 3) |

위의 〈표 10〉에서 볼 수 있듯이, 명사는 한 그룹의 문장들(unit, 혹은 '단위')의 선행어로 후행글에서 많은 조응 형식을 인도한다. 한 단위는 명사 형식으로 시작하고 단위 간은 명사 형식으로 분리된다. 그러므로, 비연속성이란 것은 독립성으로 이해될 수 있다. 즉, 명사로 시작해서 새로운 단위를 성립시킨다는 뜻이다.

중국어의 명사반복 형식의 '비연속성'이란 특성은 한국어의 명사반복 형식에서도 찾을 수 있다. 다음의 한국어 예문을 살펴보자.

(28) A 순덕i1은 그런 남편을 피하여 바닷바람이 세차게 이는 고향 바닷가로 옮겨와 둥지를 틀었다. 그 해 겨울은 유난히도 추웠다. Øi남편 몰래 저축한 돈과 결혼패물을 판돈으로 간척지 땅을 사들이고 양계장을 지었다. Øi바다를 막아 개간한 간척지라 싸게 살 수가 있었으나 바다로부터 불어오는 바람에 내내 시달려야만 했다. 울타리 없는 벌판에 하우스 닭장을 짓다가도 비닐이 날아가 버리기가 여러 차례였다. Øi처음 닭을 키우기 시작하고부터 밤잠을 안 자고 뜬눈으로 새다시피 연탄불을 갈아주며 닭들을 지키고 보살폈다. B 순덕i2은 생명줄인 닭을 붙잡고 미친 듯이 일한 덕에 지금은 이만큼 밥이라도 뜨뜻이 먹을 수가 있게 되었다. Øi이제 여 나무 동이넘는 닭장을 가지게 되었고, 아들놈도 학교를 마치고 어미를 도와주니 이만하면 바랄 것이 없다고 뿌듯해 하던 터였다. 한데 엉뚱하게도 며느리라고 들어온 소회년이 재를 뿌렸다. C

순덕i3은 텅텅 비어있는 다섯 동의 닭장을 둘러보며 한숨을
푹푹 쉰다. (문원, <탁란>)

(29) **A** ①러시아에서 온 타지아나i1는 우리 반에서 내가 제일 가
깝게 지내는 사람이다. ②Øi 이제 겨우 스물두 살, 양 볼에
솜털도 가시지 않은 앳된 얼굴이다. ③Øi 러시아 전체에서
뽑혀 온, 학비와 기숙사비를 면제받는 중국 정부 장학생이다.
④Øi 졸업 후 중국어 교사가 되려고 한다는데 지독하게 열
심히 공부한다. **B** ⑤수업 들어가는 첫날 옆자리에 앉은 것이
인연이 되었다. **C** ⑥타지아나i2는 한 달에 400위안도 안 되
는 돈으로 생활하며 몸이 상할 정도로 돈을 아껴 쓰고 있었
다. ⑦Øi 밥도 하루 세 끼 다 먹는 것 같지도 않았다. (한비
야, ≪중국견문록≫)

(28)를 보면, 명사 형식 '순덕'은 주어 위치에 세 번 출현했다.
이 세 개의 명사 형식 '순덕'이 이끈 문장들을 자세하게 분석해 보
면, 명사 '순덕1'이 이끄는 문장들은 주로 순덕이란 여자가 옛날에
양계장을 지어서 고생한 일을 서술하고 있고, 명사 '순덕2'가 이끄
는 문장들은 주로 '순덕'이 현재 만족하는 것과 만족하지 않는 일
에 대해 서술하고 있다. 또, 명사 '순덕3'이 이끄는 문장들은 '순덕'
이 지금 이 순간 '한숨을 쉰다'는 구체적인 동작을 서술하고 있다.
이 세 묶음의 문장들은 분명히 각각 다른 의미를 서술하고 있다.
즉, 세 개의 의미 단위가 형성되어 있으며 이를 각각 A, B, C로 표
시된다. 각 의미 단위의 첫 부분에 있는 명사 형식은 의미 단위 간
의 분리 표시어로 되어 있다. 명사 형식의 출현은 앞에 서술한 의
미 단위와 무관한 다른 새 의미 단위가 시작할 것임을 표시해준다.

이런 의미에서 보면 한국어의 명사 형식의 사용도 비연속성이란 특성을 가지고 있다고 할 수 있다. (29)도 마찬가지다. 명사 형식 '타지아나1'은 뒤의 영조응이 사용된 문장 ②~④를 이끈다. ①~④는 '타지아나'의 신분과 외모에 대해 설명한 내용이므로 하나의 의미 단위 A로 결성된다. 그 다음의 ⑤는 주어가 작가인 '나'로 영형대명사 형식으로 나타난다. ⑤는 앞 문장의 의미와 다른 내용이므로 새로운 의미 단위 B로 표시된다. ⑥에 다시 명사반복 형식 '타지아나2'가 나타나는데 영조응이 사용된 ⑦과 더불어 '타지아나'가 돈을 극히 아껴 쓰는 것에 대해 서술한 내용으로서 또 하나의 의미 단위 C가 형성된다.

위의 한국어 예문을 통해서 한국어의 명사 형식은 텍스트 의미적으로 보면 '비연속성'이란 특징이 있음을 알 수 있다. 그런데 중국어와 달리 한국어는 많은 기타 요소의 영향을 받아서 명사 형식의 사용이 매우 복잡한 양상을 띤다. 이에 대해 3장 2.2.에서 자세히 설명하기로 한다.

중국어와 한국어뿐만 아니라, 영어에도 명사반복 형식은 '비연속성'이란 특성이 있다는 연구 결과가 있다. Fox(1987 : 95)는 영어의 문어체 텍스트의 서술 구조와 조응 방식을 분석하여 조응 모델을 제시하였는데 다음과 같다.

어떤 활동적이나 지배적인 사건에 대한 서술 중 이미 언급된 어떤 사람을 다시 지칭할 때 대명사를 사용한다. 나머지 상황에는 다 명사를 사용하다. 다시 말하면, 작가는 대명사를 사용함으로써 지칭된 대상이 아직 이번 서술에 있다는 것을 독자에게 표시해 준다. 명사 형식의 사용은 지칭된 대상이 사건에 대한 서술에 있지 않다는 것을 작가가 독자에게 표시해 주는 것이다.(A pronoun is used to refer to a person if there is a previous mention of that person in a proposition that is active or controlling; otherwise a full NP is used. In other words, by using a pronoun the writer displays to the reader that the intended referent is in an active or controlling proposition, where as by using a full NP the writer indicates to the reader that the intended referent is outside of these units.)

Fox는 영형대명사를 언급하지 않았는데, 이는 영어 문장이 주어를 필요로 하여 영형대명사를 잘 쓰지 않기 때문이다. Fox가 제시한 영어 문어체와 회화체 텍스트의 조응 모델을 보면, 명사 형식은 앞 서술 단위가 이미 끝나고 새 서술 단위가 시작되는 것을 표시하는 수단이다. 이처럼 명사 형식을 사용함으로써 작가 혹은 화자의 의도를 잘 표시할 수 있다. 이러한 영어 명사 형식의 역할은 중국어 명사 형식의 '비연속성'과 비슷하다. 즉, 중국어와 같이 영어의 명사 형식도 의미 단위를 분리하며 '비연속성'의 특징을 가지고 있다.

위에 논술한 내용을 다시 종합해 보면 다음과 같다. 즉, 같은 의미 단위 내의 대명사 조응과 영조응은 선행어에 의존해서 '연속성'이 있는 반면, 명사반복 형식은 앞 의미 단위를 끝냄으로써 '비연속성'을 형성한다.

## 1.2. 의미 단위 표시

위에서 서술한 바와 같이, 명사반복 형식은 하나의 의미 단위의 시작을 의미하며 이러한 의미 단위는 다음의 명사반복 형식을 나타내는 것으로 종결된다. 즉, 두 개의 명사 형식 간에는 화자가 표현하고자 하는 각각의 의미 단위가 있으며, 이 하나의 의미 단위 내에서는 화자가 대명사 조응과 영조응을 사용함으로써 의미 단위가 아직 끝나지 않았다는 것을 표시하는 것이다. 이 의미 단위는 화자가 결정하는 것으로, 화자가 자신의 지식 구조 혹은 기술 논리로 하나 하나의 의미 단위를 결정한다. 이는 외부의 영향을 받지 않으며, 화자의 의지로만 결정하는 것이다. 화자는 자신이 결정한 의미 단위 내에서 임의로 영조응이나 대명사 조응을 사용할 수 있고, 화자가 다른 새로운 의미 단위를 시작해야겠다고 여길 때 명사반복 형식을 사용하여 앞의 의미 단위를 종결할 수 있다. 따라서 하나의 사건에 대해 각기 다른 서술자들은 서로 다른 서술 행위를 할 것이다. 다시 말해, 다른 서술자들은 각자가 인식한 비외 서술 논리에 따라 의미 단위를 확정할 것이며 의미 단위에 대한 구분은 서로 다르게 나타날 것이다. 하나의 동일한 사건에 대해 다른 서술 방식이 나타날 수 있는 것이다. 즉, 의미 단위의 크고 작음은 다르게 나타난다. 다음의 그림에서 이러한 차이를 알아볼 수 있다.

사건 :

| 사건의 전 과정 |
| --- |

화자A의 서술 방식 :

| 의미 단위1 | 의미 단위2 | 의미 단위3 | 의미 단위4 |
|---|---|---|---|

화자B의 서술 방식 :

| 의미 단위1 | 의미 단위2 | 의미 단위3 |
|---|---|---|

위에서 이야기한 바와 같이, 하나의 동일한 사건에 대해 화자A
는 4개의 의미 단위로 기술하고, 이 4개의 의미 단위는 화자A가
스스로 결정하여 구분하고 확정하는 것이다. 화자B가 3개의 의미
단위로 이 사건을 기술할 때, 이 3개의 의미 단위는 화자B가 스스
로 결정하고 확정하는 것이다. 다른 화자들은 서로 다른 의미 단위
확정 방식을 가지고 있을 것이다. 이 외에, 동일한 화자라도 같은
사건에 대해 첫 번째 기술 방식과 두 번째 기술 방식이 다를 수 있
다. 즉 서로 다른 차수의 기술 내용에서 동일한 인물이 동일한 사
건의 의미 단위에 대해 각기 다른 의미 단위를 확정 지을 수 있다
는 것이다. 이는 아마도 화자의 다른 표현 목적과 의도의 영향을
받기 때문일 것이다. 이러한 의미 단위의 확정은 화자의 관점에서
결정되는 것이다.

화자 스스로 각각의 의미 단위를 확정할 때 명사 형식으로 시작
하며, 그 의미 단위 내부에서는 대명사 조응 혹은 영조응을 사용한
다. 이러한 의미 단위 확정은 사건에 대한 화자의 인식과 그의 목
적 및 의도를 반영하고 독자나 청자의 영향을 받지 않는다고 할 수
있다. 화자 스스로 하나의 의미 단위를 확정해야, 이런 의미 단위

내에서 자유롭게 영조응이나 대명사 조응을 사용할 수 있는 것이다. 영조응이나 대명사 조응에 비해 명사반복 형식은 의미 단위의 표시가 된다는 기능이 있다. 이는 한국어도 마찬가지다. 그런데 중국어에 비해 한국어는 첫 번째 의미 단위의 명사 형식과 다음 의미 단위의 명사 형식 간 텍스트 거리가 상대적으로 길다는 명확한 차이가 있다. 이를 위에서 든 예문 (19)를 통해 다시 살펴보자.

(30) **A** 순덕i1은 그런 남편을 피하여 바닷바람이 세차게 이는 고향 바닷가로 옮겨와 둥지를 틀었다. 그 해 겨울은 유난히도 추웠다. Øi남편 몰래 저축한 돈과 결혼패물을 판돈으로 간척지 땅을 사들이고 양계장을 지었다. Øi바다를 막아 개간한 간척지라 싸게 살 수가 있었으나 바다로부터 불어오는 바람에 내내 시달려야만 했다. 울타리 없는 벌판에 하우스 닭장을 짓다가도 비닐이 날아가 버리기가 여러 차례였다. Øi처음 닭을 키우기 시작하고부터 밤잠을 안 자고 뜬눈으로 새다시피 연탄불을 갈아주며 닭들을 지키고 보살폈다. **B** 순덕i2은 생명 줄인 닭을 붙잡고 미친 듯이 일한 덕에 지금은 이만큼 밥이라도 뜨뜻이 먹을 수가 있게 되었나. Øi이세 여 나무 동이 넘는 닭장을 가지게 되었고, 아들놈도 학교를 마치고 어미를 도와주니 이만하면 바랄 것이 없다고 뿌듯해 하던 터였다. 한데 엉뚱하게도 며느리라고 들어온 소회년이 재를 뿌렸다. **C** 순덕i3은 텅텅 비어있는 다섯 동의 닭장을 둘러보며 한숨을 푹푹 쉰다. (문원, <탁란>)

(30)에서 볼 수 있듯이, 첫 번째 의미 단위의 표시 '순덕1'과 두 번째 의미 단위의 표시 '순덕2'는 상당한 텍스트 거리가 있다. 그

리고, 한국어에서 인물을 묘사하는 글의 경우에는, 이 인물을 지칭하는 명사 형식이 아주 적게 나올 수도 있다. 이는 연결 어미와 종결 어미의 존재로 인해, 한국어에서 명사 형식을 사용하는 경우가 많이 줄어들었기 때문이다. 김경석(2011)에 의하면, 한국어의 인칭대명사는 주의를 환기시킬 경우나 명확한 지시를 표현해야 할 필요가 있는 경우가 아니면, 흔히 음성적으로 실현되지 않는 경우가 많아 극단적인 경우 한 문단 안에 주어가 하나 있으면 충분할 때가 많다는 것이다.

위에서 논술한 바와 같이, 중국어와 한국어에서는 명사 형식으로 의미 단위의 시작을 표시한다. 이 의미 단위가 마침표로 끝날 때, 마침표 후에 다시 나타나는 두 번째 명사 형식은 다른 의미 단위의 시작을 나타낸다. 따라서 하나의 의미 단위 길이는 두 가지의 같은 명사 형식 간의 범위라고 판단할 수 있다. 두 번째 명사 형식은 반드시 마침표 뒤에 위치해야 새 의미 단위의 표시가 될 수 있다. 마침표 또한 이전의 의미 단위가 끝났다는 것을 의미하므로 여기서 마침표는 명사 형식과 더불어 의미 단위의 표시가 된다. 만약 어느 명사 형식이 마침표 뒤에 나타나지 않고 쉼표나 다른 문장 부호 뒤에 나타난다면 이 명사 형식은 새로운 의미 단위의 시작을 표시할 수 없으며, 이는 의미 단위 내의 명사반복 조응 형식에 불과하다.

의미 단위의 표시인 명사 형식과 의미 단위 내의 명사 형식에는 어떤 차이가 있는가? 이 두 가지 상황을 다음의 예문으로 비교해 보자.

(31a) <u>小坡i1</u>把宝贝从腰中解下来, Øi请妹妹帮着, Øi费五牛二虎的力气, Øi把妹妹的几个最宝贵的破针全利用上, Øi作成一个小红圆盔, Øi戴在头上。Øi然后搬来两张小凳, <u>小坡i2</u>盘腿坐上一张, 那一张(Øi)摆上些零七八碎的, 作为是阿拉伯的买卖人。(老舍, ≪小坡的生日≫)

小坡는 보물을 허리에서 풀고 여동생으로 하여금 가장 아끼는 바늘로 있는 힘을 다해 작고 빨간 둥근 모자를 만들게 한다음 머리에 썼다. 그 다음에 의자 두 개를 가지고 와서 그중 한 개에 도사리고 앉아, 다른 한 의자에 여러 가지 물건을 올려놓고 아라비아 상인 행세를 했다.

(31b) <u>小坡</u>把宝贝从腰中解下来, Øi请妹妹帮着, Øi费五牛二虎的力气, Øi把妹妹的几个最宝贵的破针全利用上, Øi作成一个小红圆盔, Øi戴在头上。Øi然后搬来两张小凳, <u>他i</u>/Øi 盘腿坐上一张, 那一张(Øi)摆上些零七八碎的, 作为是阿拉伯的买卖人。

(32a) 马威1把钱包掖在父亲的褥子底下, 钱包的角儿上有个小硬东西, 大概是那个钻石戒指, 马威2也没有细看。(老舍, ≪二马≫)

马威는 아버지의 이불 밑으로 지갑을 밀어 넣었다. 지갑 끝부분의 작고 딱딱한 물건이 아마도 반지인 것 같았지만, 马威 또한 자세히 보지는 않았다.

(32b) 马威把钱包掖在父亲的褥子底下, 钱包的角儿上有个小硬东西, 大概是那个钻石戒指, <u>他i</u>/Øi 也没有细看。

(31a)에서 첫 번째 명사 형식인 선행어 '小坡1'는 하나의 의미 단위를 시작하는 것을 나타낸다. 두 번째 명사 형식 '小坡2'는 마침표 바로 뒤에 나타난 것이 아니며, 앞 구절(clause)에 이미 영조응이 사용되었으므로 여기서의 '小坡'는 새로운 의미 단위를 시작해 주는 표시가 아니란 것을 알 수 있다. 이것은 단지 한 의미 단위 내

의 명사반복 조응 형식일 뿐이다. 따라서 이 명사반복 조응 형식을
(31b)처럼 대명사 조응 '他'나 영조응으로 대체할 수 있는 것이다.
(32a)도 마찬가지다. 이는 작가의 표현적 의도에서 비롯된 것이라
할 수 있다. 강조하고자 하거나 독자들의 주의를 끌고 싶을 때 등이
그 경우이다. 혹은 서양의 영향으로 인해 화자가 하나의 주어 형식
을 추가할 뿐 특별한 의도는 없을 수도 있다. 이러한 명사 형식은
'B식명사'라고 지칭할 수 있다.

다음의 예문들을 보자.

(33) 李子荣1掏出两个铜子，轻轻的放在盘子底下，作为小帐。李子
荣2给了饭钱，告诉马威该出十个便士；马威顿时还了他。(老舍,
《二马》)
李子荣은 밥 값으로 엽전 두 냥을 꺼내어 그릇 아래에 놓았
다. 李子荣은 밥 값을 내며 마웨이에게 10펜스를 주어야 한
다고 말하였다. 마웨이는 곧장 돌려주었다.

(34) 马老先生1酸酸的给了他几句："添货物！这些东西还不够摆半天
的呀！还不够眼花的呀！"有时候马老先生2一高兴，整天的不
到铺子去，在家里给温都太太种花草什么的。(老舍，《二马》)
马老先生은 그에게 톡 쏘며 말하였다. "정신없게! 이 물건들
은 왜 하루 종일 여기 있는거야! 정신 사납지도 않아?" 때로
马老先生이 기분이 좋을 때는 하루 종일 가게에 나가지 않고
집에서 원두 부인과 화초 등을 심었다.

(33)을 보면, 첫 번째 명사 형식인 선행어 '李子荣1'은 하나의 의
미 단위 시작을 나타낸다. 이 의미 단위가 끝난다는 것은 마침표와
그 뒤의 두 번째 명사 형식 '李子荣2'로부터 알 수 있다. 마침표 뒤

의 두 번째 '李子荣2'는 새로운 의미 단위를 시작하는 표시다. 만약 두 번째 명사 형식 '李子荣2'의 앞에 마침표가 없다면 앞의 의미 단위가 끝난 것이라 볼 수 없으므로 '李子荣2'는 대명사 조응으로 대체할 수 있으며 이 경우에도 B식명사에 속한다. 현재 마침표 뒤에 나오는 '李子荣2'가 비롯된 새로운 의미 단위를 이끌어내므로, 이는 화자의 의미 단위 구분에 대한 표현 의도를 나타낸다. 따라서 다른 조응 형식으로 대체될 수 없다. 마침표 뒤에 나타나는 이러한 명사 형식은 새로운 의미 단위의 시작을 말하며, 'A식명사'라고 불린다. (34)도 그러한 경우이다.

위에 논술한 내용을 종합해 보면, 명사반복 형식이 의미 단위의 표시가 되려면 반드시 마침표 혹은 마침표와 같은 역할을 하는 느낌표나 물음표 등과 함께 사용되어야 한다. 명사반복 형식을 씀으로써 의미 단위를 분리하는 것은 작가에게 달려있으며 작가의 표시 의도를 나타낸다.

## 2. 명사반복 조응의 화용적 기능

이 글은 앞서 명사반복 형식의 의미적 기능을 '비연속성'과 '의미 단위의 표시'라는 두 가지 측면에서 살펴보았다. 이제 명사반복 형식의 화용적 기능을 '초점화(focalization)', '존대 표시', '시각 전환'이라는 세 가지로 나누어 살펴보고자 한다.

## 2.1. 초점화

A식명사 형식은 보통 의미 단위의 시작 부분에 나타나는데 앞 의미 단위와 구별해 주는 역할을 한다. 새로운 의미 단위의 시작 부분에 A식명사 형식이 출현하면 지칭된 대상이 독자의 기억에서 다시 활성화되어 독자로 하여금 이 대상에 주의력을 집중시키도록 한다. 이런 의미에서 A식명사 형식이 서술의 초점이 되고, 명사 형식의 사용은 초점화 효과가 있다고 볼 수 있다.

A식명사 형식은 이런 초점화 되는 효과가 있기 때문에 공식적인 문어체 글이나 신문 기사는 항상 명사 형식을 반복적으로 출현시킴으로써 초점화 효과를 최대한 사용하고 있다. 아래 예문을 보자.

(35) 我们的文艺工作者需要做自己的文艺工作，但是这个了解人熟悉 人的工作却是第一位的工作。我们的文艺工作者对于这些，以 前是一种什么情形呢？(中国作家协会编，《邓小平论文学艺术》) 문예에 종사하는 자는 자기의 문예 활동을 해야 되지만 사람 을 이해하거나 사람을 아는 일이야말로 가장 중요한 일이다. 문예를 종사하는 자는 이에 대해 예전에는 어떤 모습이었는가?

(36) 对这次打人事件，<u>郭德纲</u>首先否认了自己在现场。至于昨日媒体 报道中"郭德纲弟子再打记者"一说，<u>郭德纲</u>称说法不准确，"打人 的没有一个是上台演出的相声演员，只是德云社的工作人员，还 包括雇来搬运行李的临时工。"<u>郭德纲</u>同时强调，"对方那些拍摄 的，据我了解，他们是专业的狗仔，并非记者。警察也说他们的 机器里有大量明星的偷拍资料。"(《法制晚报》网络版，2012, 1, 11)

이번 구타 사건에 대해, 郭德纲은 먼저 자기가 현장에 있다는 것을 부인했다. 어제 언론에서 '郭德纲의 제자가 기자를 재차 폭행하다'는 기사에 대해, 郭德纲은 이 말이 맞지 않다고 했다. "사람을 때린 자 중에는 코미디언이 한 명도 없었고, 단지 임시로 고용해서 짐을 옮기는 비정규직 인원들이 포함된 덕운사 직원들이었다." 郭德纲은 또한 강조하여 말하기를 "영상을 찍은 상대방은, 내가 알기로 전문적인 파파라치로 기자가 아니었다. 경찰도 그들의 카메라에서 연예인 스타들을 몰래 찍은 사진이 대량 발견되었다."고 말했다. (<법제 석간 신문>, 2012.1.11)

(35)는 공식적인 문어체 글 중의 일부고 (36)은 신문기사 중의 일부다. (35)에 보면 명사 형식 '我们的文艺工作者'란 주어가 상당히 장문임에도 불구하고 각 문장에 계속 사용되었다. 만약 뒤 문장에 명사반복 형식 대신 대명사 형식 '他们'을 사용하게 되면 두 문장은 하나의 의미 단위가 될 것이다. 작가는 명사반복 형식을 사용함으로써 뒤 문장을 새로운 의미 단위로 독립시켰다. 이렇게 해서 뒤 문장이 초점이 되고 독자의 주의력을 집중시키고 있다.

(36)에 보면 마침표로 표시된 세 개의 문장이 있는데 각 문장의 주어는 같은 사람을 지칭하는 명사 형식 郭德纲이다. 사실 뒤 두 문장의 주어는 대명사나 영형대명사로도 대체가 가능하다. 그러면 세 개의 문장은 서로 긴밀하게 연결되어서 같은 사건을 서술하는 한 의미 단위가 될 것이다. 하지만, 원문은 문장마다 명사 형식을 사용하고 있다. 그러면 이 사건은 서로 다른 중점을 갖고 있는 세 개의 주제로 분리된다. 이렇게 분리된 세 개의 주제에서 주어인 '郭德纲'이 초점이 되어 독자는 세 개의 문장에서 똑같은 정도의

주의를 기울이게 되고 세 개의 문장은 세 개의 의미 단위를 형성하
게 된다.

이처럼 초점화란, 명사 형식을 사용함으로써 가져온 서술 효과이
기도 하고 작가(화자)가 언급된 대상을 강조하는 주관적인 의도이기
도 하다. 작가의 주관적인 표시 의도는 Fox(1987 : 155)가 말했던 서
술 행위에 속한다. 그에 의하면 서술 행위란 아주 중요한 것으로서
"만약 우리가 이해 범위를 언어와 인지, 사회와의 관계로 확대시키
면, 언어 행위, 그 중 특히 서술 행위가 관건이다." 작가가 어떤 언
급된 대상을 초점화하려는 의도는 명사 형식의 사용에 큰 영향을
준다. 이러한 의도는 Fox가 말하던 영향 요소 중의 하나다.

Fox(1987 : 132-134)는 영어 문어체와 회화체 텍스트에서 조응 모
델 외의 비구조적인 요소가 명사 형식의 사용에 영향을 미친다고
말하였다. 이러한 비구조적인 요소는 규칙성이 없는데, 예를 들면,
대화의 한 쪽은 명사 형식을 사용함으로써 자기의 의견 차이
(Disagreements), 명백한 확인(Overt recognitionals), 평가(assessment), 새로
운 단위의 구별(Demarcating a new unit) 등을 표시하는 것이 바로 그
러한 요소다. 문어체 텍스트에서는 명사에 대한 깊은 묘사(Further
description with a full NP), 분류(Classification), 대조와 비교(Comparison
and contrast) 등의 요소가 명사 형식의 사용에 영향을 미친다. 그 밖
에, 작가가 언급된 대상을 초점화하려는 의도도 일종의 영향 요소
라고 할 수 있다.

각각 다른 의미 단위 간에 A식명사 형식의 사용은 초점화 효과
와 작가가 초점화하려는 의도가 있다고 위에서 언급한 바 있다. 사

실, 같은 의미 단위 내에서 B식명사 형식의 중복 출현도 비슷한 초점화 효과와 의도가 있다. 같은 의미 단위 내에서 대명사 형식이나 영형대명사 형식을 사용해도 되는 곳에 B식명사 형식을 사용하는 것은 지칭한 대상에 대해 독자의 주의를 끌려는 의도가 보인다. 같은 의미 단위 내 B식명사 형식의 사용은 세 가지 상황이 있다.

첫째, 긴 의미 단위 내 대명사 조응과 영조응 형식이 이미 많이 있기 때문에 명사반복 조응을 사용함으로써 지칭한 대상을 독자의 기억에서 다시 환기시킨다. 다음을 보자.

> (37) <u>小坡</u>i把宝贝从腰中解下来, Øi请妹妹帮着, Øi费五牛二虎的力气, Øi把妹妹的几个最宝贵的破针全利用上, Øi作成一个小红圆盔, Øi戴在头上。Øi然后搬来两张小凳, <u>小坡</u>i盘腿坐上一张, 那一张 (Øi)摆上些零七八碎的, 作为是阿拉伯的买卖人。(老舍, ≪小坡的生日≫)
>
> 小坡는 보물을 허리에서 풀고 여동생으로 하여금 가장 아끼는 바늘을 이용해서 작고 빨간 둥근 모자를 만들게 한 다음 머리에 썼다. ㄱ 다음에 의자 두 개를 가지고 와서 그 중 한 개에 도사리고 앉았고, 다른 한 의자에 여러 가지 물건을 올려놓고 아라비아 상인 행세를 했다.

(37)을 보면, 마침표로 분리된 2개의 문장이 있는데 뒷문장의 시작 부분('然后搬来两张小凳')에 영조응이 사용되었다. Fox의 조응 모델에 따르면, 뒷문장이 새로운 의미 단위를 여는 것이 아니라 아직 앞 의미 단위에 속한다. 첫 문장에 이어 뒷문장에서 계속 대명사 조응이나 영조응을 사용할 수 있는데도 뒷문장에는 명사반복 조응

을 한 번 사용하였다. 이것은 작가가 선행어 '小坡'가 지칭한 대상
(즉, '小坡'란 사람 그 실체)을 독자의 기억에 다시 되살려내고 초점화
하여 독자의 주의력을 다시 집중시키려는 의도 때문이다. 이렇게
한 의미 단위 내에서 명사의 반복 사용은 작가가 지칭한 대상을 초
점화하려는 의도라고 볼 수 있다.

둘째, 한 의미 단위 내 선행어와의 거리도 가깝고 경쟁적인 선행
어도 없는 경우, 대명사 조응이나 영조응을 사용해도 될 곳에 명사
반복 조응을 사용하는 것은 단지 작가가 무언가를 강조하거나 초
점화하려는 의도 때문이라고 할 수 있다. 다음 예를 보자.

> (38) 鲁迅1处在黑暗势力统治下面，Øi没有言论自由，所以Øi用冷嘲
> 热讽的杂文形式作战， 鲁迅2是完全正确的。(中国作家协会编，
> 《邓小平论文学艺术》)
> 鲁迅은 언론의 자유가 없는 어두운 사회에서 잡문의 풍자 형
> 식을 이용해서 대항했는데 鲁迅는 완전히 정확했다.

(38)에 한 개의 문장이 있는데 명사 선행어 '鲁迅'이 첫 번째 절
에 나타났고 이어서 영조응 형식을 두 번 사용했다. 이 문장은 마
지막 절에서 계속 영조응을 사용하거나 대명사 조응 형식 '他'를
사용해도 되지만 명사반복 조응 형식을 사용했다. 독자의 주의를
이끌고 강조의 효과를 끌어내려는 의도가 있다.

셋째, 명사 선행어와 조응어 사이에 많은 기타 성분이 들어가 있
어서 경쟁적인 요소가 없더라도 선행어의 활성화 정도를 축소시킬
수 있기 때문에 작가는 대명사 조응 형식 혹은 영조응 형식을 사용

하지 않고 명사반복 조응 형식을 사용한다. 이런 경우에는 명사 선행어와 명사반복 조응어 사이에 다른 조응 형식이 없다. 예를 들면,

> (39) "明天还你, 一定！" 温都太太1摸了摸小兜儿, 真是没有六个铜子 : "据我看, 中国人比咱们还宽宏, 你看马老先生给马威钱的时候, 老是往手里一塞, 没数过数儿。马威给他父亲买东西的时候, 也不逼着命要钱。再说." 温都太太2把脑袋摇了两摇, 赶紧用手指肚儿轻轻的按了按脑袋后边挂着的小髻儿 : "⋯"(老舍, ≪二马≫)
>
> "내일 꼭 돌려줄 거야, 꼭!" 温都부인은 작은 주머니를 만져 보았지만 6푼이 없었다. "내가 보기에, 중국인은 우리보다 더 마음이 넓어. 봐 봐. 马선생이 马威한테 돈을 줄 때 항상 세지도 않고 줘. 马威가 부친에게 물건을 사 줄 때도 돈을 빨리 주라는 소리도 안 했어. 게다가," 温都부인은 머리를 두 번 흔들고, 재빨리 손가락으로 머리 뒤에 달려 있는 머리를 가볍게 눌렀다.

(39)를 보면, 주머니를 만지고 말을 하고 그 다음에 머리를 흔들고 또 다시 이어서 말을 한 것은 '温都太太'가 한 연속 동작들이다. '温都太太2'는 새로운 의미 단위를 시작시키는 표시어가 아니다. 앞 문장에서 '再说(게다가)' 뒤에 마침표가 아니라 쉼표를 썼기 때문에 이 의미 단위가 아직 끝나지 않은 것이다. 그렇다면 같은 의미 단위 내 '温都太太2'를 쓰지 않고 대명사 조응 형식 '她'나 영조응을 사용해도 되는데 여기서는 그렇게 하지 않았다. 이는 앞에 그녀가 한 말 부분이 너무 복잡하고 길어서 선행어 '温都太太1'의 활성화 정도가 어느 정도 떨어지기 때문에 다시 명사반복 조응 형식

'温都太太2'를 사용한 것이라고 할 수 있다.


## 2.2. 존대 표시

중국어 회화체 텍스트에 나타난 명사반복 조응의 사용 형태는 문어체 텍스트에 사용된 명사반복 조응의 형태와 매우 다르다. 회화체 텍스트에서는 명사반복 조응어를 쓰는 경우와 외면적으로 동일한 명사반복 조응어처럼 보이는 호칭어를 쓰는 경우를 구별해야 된다. 호칭어는 화자가 상대방을 호칭하는 표시어로 명사 조응의 범주에 속하지 않는다. 표현 방법으로 보면, 회화 시 호칭어 뒤에 항상 짧은 멈춤이 있어서 문자 형식으로 반영하면 호칭어 뒤에 보통 쉼표를 쓴다. 이 부분의 호칭어는 표면 형식이 명사반복 조응의 형식과 똑같지만 본문의 연구 대상에 포함되지 않는다. 명사반복 조응어는 앞 문장에 같은 언어 형식의 명사 선행어가 있는데 후행 문장에 다시 같은 명사 형식을 반복해서 조응하는 것이다. 아래 예문을 통해서 이 두 가지 명사 형식을 잘 구별할 수 있다.


    (40) 董事长, <u>您</u>希望采用何种方式?
    (41) 董事长, <u>董事长</u>希望采用何种方式?
         사장님, 어떤 방식을 이용하고 싶습니까?


(40)에서 명사 형식의 '董事长'은 단지 하나의 호칭어다. 화자는 상대방을 호칭한 후 쉼표로 어기의 짧은 멈춤을 표시하고 후행글

에 대명사 형식 '您'으로 앞에 나온 선행어 '董事长'을 조응한다.
(41)의 첫번째 '董事长'은 (40)와 같은 호칭어인데 두 번째에 나온
'董事长'은 첫번째 '董事长'의 조응어다. 여기서는 대명사 조응 '您'
을 사용하지 않고 명사반복 조응을 사용했다. (41)에 나온 두 번째
'董事长'이 바로 이 글이 연구하는 회화체 텍스트의 명사반복 조응
이다. 아래의 분석에서는 왜 이런 곳에 명사반복 조응을 사용하고
있는지, 그리고 명사반복 조응을 사용함으로써 어떤 효과가 있는지
에 대해 알아보고자 한다.

현대중국어의 회화체 텍스트에서 명사반복 조응을 사용하는 것
은 역사적 원인을 찾아야 된다. 고대 중국인의 언어 사용 습관은
현대까지 영향을 미쳤기 때문에 어떤 언어 현상에 대해 역사적인
원인과 영향을 고찰하면 더 정확하고 깊은 이해를 할 수 있다.

회화체 텍스트의 명사반복 조응에 대한 역사적인 고찰은 王力의
연구를 통해 진행하고자 한다. 王力(1984)에 따르면, 고대 중국인은
존대해야 할 상대방이나 같은 연배 사람을 인칭대명사로 직접 칭
하면 예의가 없다고 여겼고, 정말 친한 사이여야 인칭대명사 '尔,
汝'로 칭할 수 있었다. 예를 들면, 弥衡과 孔融은 친숙한 관계였으
므로 '尔, 汝'로 서로 칭했기 때문에 둘의 사귐은 '尔汝交'라고 부
르게 되었다. 서로 친숙하지 않다면 인칭대명사를 피해야 하고 명
사를 써서 예의를 표시해야 된다. 또한, 고대 중국인은 자신을 칭
할 때도 1인칭 대명사 '吾, 我'를 쓰면 실례이기 때문에 자기를 낮
추는 말로 지칭함으로써 예의를 표시했다. 王力(1984 : 1권 273-277)
에 따르면 고대 중국인이 쓰던 존대 형식은 다음과 같이 대략 5가

지로 귀납할 수 있다.

① 상대방을 칭할 때는 상대방의 '字(자)'로, 자신을 칭할 때는 자신의 '名(이름)'으로 칭한다. 아래의 예문을 보자.

子曰 : "丘也幸, 苟有过, 人必知之。"(≪论语·述而≫)

선생님께서 말씀하시기를, "나는 다행하다. 만약에 과오가 있다 하더라도 남이 반드시 알고 있으니."라고 하셨다.

② 상대방을 칭할 때는 상대방의 관작(官爵)으로, 자신한테는 관작으로칭하지 않는다. 아래 예문을 보자.

首立楚者, 将军家也, 令将军诛乱。(≪史记·项羽本纪≫)

처음으로 楚를 세운 자는 당신의 가족인데 당신에게 역적을 죽이라고 명하였다.

③ 상대방을 '君, 公,23) 子, 先生' 등으로 칭하고, 자신을 '臣, 弟子' 등으로 칭한다. 다음 예문을 보자.

公曰 : "子之力也夫？", 对曰 : "君之训也, 二三子之力也, 臣何力之有焉？"(≪左传·成二≫)

진경공이 말했다 : "이번 승리는 그대의 공이오." "이는 오직 군주의 가르침과 제장들의 노력이 있었기 때문입니다. 신에게 무슨 공이 있겠습니까?"

④ 덕이 많다는 뜻으로 상대방을 '大人'으로 칭하고, 덕이 없다는 뜻으로 자신을 낮추어서 '寡人, 孤, 贱子, 贫道'로 자신을 칭한다. 다음 예문을 보자.

孤不度德量力, 欲伸大义於天下。(≪三国志·诸葛亮传≫)

저는 자신의 덕과 힘을 생각하지 않고 천하에 대의를 신장하고자 합니다.

⑤ 상대방을 '陛下, 足下, 阁下' 등으로 칭한다. 아래 예문을 보자.

---

23) '君, 公'는 처음에는 관작이었지만 나중에는 사람들이 예의적으로 남을 '君, 公'으로 통칭한 것이다.

今足下还归, 扬名於匈奴, 功显於汉室。(≪汉书·李陵苏武传≫)
지금 당신이 돌아 가면, 匈奴에서 명성을 세우고, 한나라에서
공로를 현시할 수 있을 것입니다.

위에 언급된 5가지는 상대방과 자신을 칭하는 상황이다. 王力에
의하면, 제3자를 칭하는 3인칭은 고대 중국어에 없었는데 이는 '필
요가 없기 때문이었다.'[24] 고대 중국어에서는 다음의 두 가지 방법
으로 제3자를 칭했기 때문에 3인칭 대명사가 굳이 필요가 없었다
는 것이다. 그 첫 번째 방법은 다음의 예문에서 볼 수 있듯이 선행
어가 있어서 영조응을 쓰는 것이다.

　　公曰 : "谓之君子而射之, 非礼也。" Ø射其左, Ø越於车下。Ø射其
右, Ø毙於车中。(≪左传·成二≫)
　　그러자 제경공이 반대했다 : "어찌 그를 군자로 칭하면서 활을 쏘
라는 것인가. 이는 예가 아니다." 그러고는 시위에 화살을 메겨 한궐
이 모는 전차의 왼쪽에 앉아 있는 자를 쏘았다. 그러자 왼쪽에 앉아
있던 자가 화살을 맞고 전차 밑으로 굴러떨어졌다. 이에 다시 제경공
이 화살을 메겨 오른편의 거우를 쏘자 그 또한 화살을 맞고 전차 안
으로 쓰러졌다.

다른 한 가지 방법은, 주어를 쓸 필요가 있는 곳에 명사반복 형
식을 사용하는 것이다. 다음 예문을 보자.

　　齐侯欲以文姜妻郑太子忽, 太子忽辞。(≪左传·桓六≫)

---

24) ≪王力文集·第1卷≫, (1984 : 266) : "是因为它没有这种需要."

제희공이 자신의 딸인 문장(文姜)을 정나라 태자 홀에게 시집보내
려고 했다. 그러나 태자 홀이 이를 사양했다.

위에서 서술한 내용을 종합해 보면, 고대 중국어에는 3인칭 대명
사가 필요하지 않았고 심지어 1인칭과 2인칭 대명사도 절대적으로
필요한 것이 아니었다. 인칭대명사를 사용하는 것을 예의 없는 행
위로 여겼기 때문이다. 근대에 들어서도 존대해야 할 사람에게는
여전히 '你, 我'와 같은 칭호를 피했다. 예를 들면, 근대 중국어의
모습을 잘 보여 주는 소설 《红楼梦》에서는 예의와 존대가 있어야
하는 대화에 인칭대명사를 사용하지 않았다. 대화에 만약 상대방에
게 존경을 보여주려면 '你, 你们'을 사용하지 않고, 자신을 칭할 때
도 '我'를 사용하지 않았다. 제3자에게도 '他, 他们'을 사용하지 않
았다. 인칭대명사가 필요한 곳에 신분을 표시하는 칭호를 쓰면 가
장 적당하였다. 자신을 '我'로 칭하면 그나마 괜찮은데 상대방을
직접적으로 '你'로 칭하면 예의가 없다는 것이다.[25] 다음 예문을
보자.

① 老太太这话, 兒子如何当的起?
　어머님의 이 말씀을 제가 어떻게 감히 당할 수 있겠어요?
② 昨日太太说的那样, 想是太太记错了。
　어제 마님께서 그렇게 말씀하셨는데, 아마 마님께서 잘못 기억
　하신 것 같아요.
③ 世兄的才名, 弟所素知的。

---

25) 王力 《中国现代语法 下》, (1985 : 6-9) 참조.

형의 명성은, 제가 평소에 잘 알고 있어요.
④ 小的闻的老爷升补此任。
저는 나리님께서 승진하셔서 이 직위에 취임하셨다는 것을 들었
습니다.

위에서 든 예에서 볼 수 있듯이 '儿子, 弟, 小的'이란 칭호는 다
자신을 칭하는 것이고 '老太太, 太太, 世兄, 老爷' 등의 칭호는 다
상대방을 칭하는 것이다.

고대 중국어부터 근대 중국어에 이르기까지 신분을 표시하는 호
칭은 인칭대명사를 사용하는 것보다 예의 바른 것으로 생각되어
더 보편적으로 사용되어 왔다는 것을 알 수 있다. 고대에서 내려온
이러한 예의를 지키는 표현 습관은 현대에 들어서도 완전히 없어
지지 않고 어느 정도 남아 있다. 그런데 王力가 살았던 20세기 30,
40년대 당시에는 명사 형식으로 예의를 표시하는 관습은 이미 많
이 없어지고 인칭대명사를 널리 사용하게 되었다. 이에 대해 王力
은 걱정스러운 마음을 토로하였다. "최근 일부 젊은이들 사이에
'尔, 汝'의 사용이 너무 성행해서 나중에는 서양 언어의 예의 표시
방법보다 더 적을지도 모른다."26) 그의 말대로 70, 80년대에 중국
어에서 인칭대명사 '你, 我, 他'의 사용이 보편화되면서 어느 정도
예의가 없어진 면이 있다. 그렇지만, 고대부터 전해 내려온 언어
습관이 완전히 흔적 없이 사라진 것은 아니어서, 현대의 회화에,
정중한 상황에서 존대해야 할 상대방이나 제3자를 칭할 때 명사

---

26) ≪王力文集, 第一卷≫, (1984 : 277) : '现代一般青年'尔汝'之风甚盛, 将来恐怕比西洋
   的礼貌式还更少了.'

형식으로 예의를 표시하는 것을 아직 볼 수 있다. 다음 예문을 보자.

(42) 宋老秋：我刚才翻过一道梁梁, 走过一个洼洼, 拐过一个弯弯, 走
进一个岔岔, 一抬头就看见<u>毛主席1</u>啦, <u>毛主席2</u>问我：
你身后事情都安排好啦？我说, 想见您老人家, 走得急,
没来得及安排哩。<u>毛主席3</u>说：……(孟冰《黄土谣》,
话剧)

宋老秋：난 조금전에 산 하나를 넘었고 웅덩이 하나를 지났
고 고개를 한 구비 넘어 계곡으로 들어갔다. 고개를
들자 毛主席이 보였고 毛主席은 나한테 물으셨다：
"넌 뒷일을 다 잘 정리했는가?" 난 당신을 뵙고 싶어
서 급하게 오느라고 아직 잘 정리하지 못했다고 했
다. 毛主席는：'…'

(43) 田福贵：行了, 我还是找军团<u>首长1</u>去, 这个协理员我干不了……
这一回, 我扛着背包去, 不管<u>首长2</u>答应不答应, 就是把
我撤职回老部队当战士,  我都非走不可！(唐栋,  蒲逊
《天籁》, 话剧)

田福贵：됐어, 난 대장님을 찾아가야 되겠다. 이 협조원의 일
을 난 할 수 없어. … 이번에는, 난 배낭을 매고 갈
거야, 대장님께서 허락을 해 주든지 말든지, 직무를
해제하고 원래 부대에 보내더라도 난 꼭 떠나야 된다!

(44) (对法官：) 法官大人恐怕有所不公吧。(电视剧《法网柔情》)
(판사에게：) 판사님께서는 공평하지 않으신 것 같아요.

(42)에서 화자는 제3자 '毛主席'을 칭할 때 반복적으로 명사 형
식 '毛主席'을 사용했고 한 번도 대명사 형식 '他'를 사용하지 않았
다. 여기서 화자가 '毛主席'에 대해 무척 존경하는 마음을 가지고

있다는 것을 엿볼 수 있다. (43)도 마찬가지다. (44)에서는 상대방
에게 인칭대명사 '您'을 사용하지 않고 명사 형식을 사용했다.

예의를 지킨다는 것은 동시에 사람 사이에 거리가 있다는 것을
의미하기도 하다. 고대에서는 매우 친한 사이에 서로 '尔, 汝' 등의
인칭대명사로 칭할 수 있었던 반면, 사이가 좀 멀어 거리를 느끼는
사람들 사이에서는 서로 인칭대명사를 사용하지 않았다. 만약 원래
'你, 我'로 서로를 칭한 사람끼리 갑자기 명사 형식으로 상대방을
칭하면 서로의 친밀도가 변화했다는 것을 알 수 있다. 다음 예문을
보자.

> (45) "收到了，方先生。"──鸿渐听她恢复最初的称呼，气都不敢透
> ──"方先生听说礼拜二也来过，为什么不进来，我那天倒在
> 家。"(钱钟书 ≪围城≫)
> "받았어요, 방선생님."──鸿渐은 그녀가 자신을 최초의 칭
> 호로 바꾸어 부른 것을 듣고는 숨이 탁 막혔다. "방선생님께
> 서 화요일에도 오신 적이 있었다는데, 왜 들어오시지 않았어
> 요 그닐 저는 집에 있었는데요."

(45)를 보면, 화자 '她'가 평소에 '方鸿渐'에게 직접적으로 이름
'鸿渐'을 사용해서 부른 것은 두 사람이 친한 관계임을 나타내는
것이었다. 하지만 이번 대화에서 그녀는 그에게 명사 존대 형식
'方先生'을 사용했다. 이러한 존대 형식은 두 사람의 거리를 멀게
만들었기 때문에 청자를 '숨이 탁 막혔다'의 상태로 만든 것이다.
명사 형식과 대명사 형식의 전환 사용으로는 두 사람의 관계에

변화가 있다는 것을 알 수 있다. 다음 한 예문을 보자.

> (46) 喝完了汤,舒畅低了头说：“见你吃这么多饭,我好开心的。女人嘛,
> 就是喜欢看着男人吃得香。” 朱怀镜突然发现舒畅今天始终没有
> 叫他朱书记,只是左一个你,右一个你。他心里便有种异样的感
> 觉。(王跃文 ≪梅次的故事≫)
> (朱怀镜이) 국물을 다 마셨다. 舒畅이 머리를 조아리며 말했
> 다 : “당신이 이렇게 많은 밥을 먹는 것을 보면 저는 기분이
> 좋아요. 여자니까 남자가 밥을 잘 먹는 것을 보면 좋아요.”
> 朱怀镜은 갑자기 오늘 내내 舒畅이 그한테 朱서기님으로 부
> 르지 않고 ‘당신’이라고만 불렀다는 것을 발견했다. 그는 어
> 떤 이상한 느낌이 들었다.

(46)을 보면, ‘舒畅’은 서기 ‘朱怀镜’을 알게된 지 얼마 안 되었는
데 전에는 계속 ‘朱서기님’으로 불러서 존경과 예의를 보였다. 그
런데 ‘朱怀镜’이 그녀의 집에서 그녀와 같이 저녁을 먹게 되었다.
그녀는 그의 속마음을 알아차리고 그를 인칭대명사 ‘你’로 부름으
로써 서로의 관계를 가깝게 느끼도록 해주었다. ‘朱怀镜’은 그녀가
자기를 부르는 칭호가 달라진 것을 통해 서로의 친밀도에 미묘한
변화가 생겼음을 감지한 것이다.

위에서도 볼 수 있듯이 현대중국어 회화에서 화자는 화용적 목
적에 의해서 명사 형식과 인칭대명사를 선택하여 사용한다. 화자는
명사 형식으로 상대방에게 존경과 예의를 표시하는 동시에, 서로의
관계와 친밀도를 보여주는 목적도 있다. 고대 중국어와 근대 중국
어에서 명사 형식으로 상대방을 칭하는 것은 당연하고 필수적인

일이었다. 이와 달리, 현대중국어에서 명사 형식으로 상대방을 칭하는 것은 일종의 화용적 수단이고 의도적이며 선택적인 것이다. 고대 중국어와 근대 중국어에서 상대방을 명사 형식으로 칭하는 것은 당시의 사회 환경과 언어 관습으로 인해서 정해진 규칙이라고 한다면, 현대중국어에서 상대방을 명사 형식으로 칭하는 것은 개인의 회화 의도에 따라서 수의적으로 사용하는 수단이라고 할 수 있다.

이러한 명사반복 조응의 존대 표시라는 화용적 기능은 한국어에서도 마찬가지다. 이는 한국어의 경어법에서 쉽게 찾아볼 수 있다. 한국어의 경어법은 사회언어학의 시각에서 분석해야 된다.

이익섭 등(1997)은 사회언어학적인 시각으로 경어법을 설명했다. 그들에 의하면, "한국어에 어떤 인물을 존귀한 인물, 상위의 인물로 판정하는 기준은 무엇일까? 크게 보면 한국어에서의 그 판정 기준도 Brown and Gilman(1960)의 권세(power)와 유대(solidarity)[27]의 범주를 크게 벗어나지는 않을 것이다." 그들에 따르면, 친척 사이에서는 항렬이 중요한 몫을 한다. 그리고, 친척 사이에서는 이름을 못 부르고 친족 명칭을 써야 한다. 직장에서는 직위가 경어법 결정의 한 요인이 됨은 말할 것도 없다. 직장에서 직위와 나이가 갈등을 일으킬 때는 대개 직위가 더 큰 힘을 발휘하는 듯하다. 한국어에서는 권세의 영향력이 유대의 영향력보다 크다는 것이 서양어와 다르다. 아무리 친한 사이가 되어도 뛰어넘을 수 없는 벽이 한국어

---

27) 자세한 내용은 제4장 1.1.을 참조.

에는 많은 것이다. 아무리 가까운 사이가 되어도 한국어에서는 자기 선생에게 반말을 하거나 이름을 부르는 일은 결코 허용되지 않는다. 이것은 한 직장의 상급자에게도 마찬가지며, 학교의 3~4년 선배에게도 마찬가지다. 권세의 영향력이 유대의 영향력을 압도하는 것이다.

박영순(1995)은 한국어 2인칭의 예를 들어 설명했다. 다른 언어와는 달리 한국어에서는 2인칭에 두루 쓸 수 있는 대명사, 영어의 'you'에 해당하는 호칭이 없다. 즉 상대방이 누구냐에 따라 일일이 다른 호칭이나 대명사를 써야 한다. 즉 손위 청자에게는 우선 친척이냐, 비친척이냐가 먼저 고려되고, 친척일 경우는 '친척호칭+님'으로 부르고, 혹은 화자와 청자의 관계를 나타내는 친척호칭만으로 부른다. 청자가 비친척일 경우는 때와 장소, 즉 상황에 따라 비공식적인 자리에서는 소위 Teknonymy(종자명호칭)라고 하는 특수한 호칭법,[28) '어린이 이름+가족관계 호칭', 예를 들어 '철수 아버지' 식으로 부르기도 하고, 더 가까운 경우는 직접 친척호칭으로 부르기도 한다. 예를 들어, 친구의 어머니에게 '어머니'라고 한다든가, 학교 선배에게 '언니, 형'이라고 부른다. 그리고, 한국어에서 특이한 점은 비친척에게도 친척호칭을 쓰는 호칭법이다. 즉, 어른에게는 '아저씨, 아주머니', 연세가 높으신 사람에게는 '할아버지, 할머니'식으로 친척 내지 가족 호칭을 쓴다. 더구나 친구의 가족에게 자기의 가족에게 쓰는 호칭과 똑같은 호칭을 쓴다. 이러한 호칭법

---

28) 이러한 호칭법은 한국어와 일본어에만 있는 특이한 호칭법으로 알려져 있지만 중국어에도 존재한다.

은 한국어에 대명사가 발달하지 못한 데서 기인하기도 한다. 즉, 손윗사람에게 쓸 수 있는 대명사가 한국어에는 없기 때문이다. 그에 따르면, 가령 '어머니, 이리 와'라고 하면 순수문법적으로는 문제가 없지만 사회언어학적으로 보면 받아들여질 수 없는 비문이 된다. 이와 같은 호칭과 문장 어미의 호응관계를 사회언어학적 규칙 중에서 공존규칙(co-occurrencerule)[29]이라고 한다.

박영순(1995)에 의하면, 한국어 경어법의 요지에서 존경의 정도와 유대는 별개의 것이라는 것이다. 서양 언어에서는 존경의 정도와 유대는 상관 관계가 있다. 즉 처음에 만나거나, 사회적 신분이 높은 대상에게는 '사회적 지위(title)+Last Name'을 쓴다. 즉 처음에는 소위 권위나 신분이 작용하는 요인 권세가 두 사람의 대화를 지배하게 된다. 두 사람이 친숙해지면 사회적 신분이 다르고 연령이 다르다고 해도 유대가 지배하게 되어 비경어체인 이름(First Name)을 교환하게 된다. 그러나 한국어에서는 만일 두 사람 사이에 사회적 신분이 아주 다르면(직장의 상관−부하, 교사−학생, 선배−후배, 아저씨−조카 등등과 같이 신분이 비대칭적일 때) 아무리 오랫동안 친숙하게 지낸다 해도 손아랫사람은 언제나 손윗사람에게 존칭을 쓰고 윗사람은 비존경체인 반말 내지 '하게' 또는 '해라'형을 써야 한다. 즉, 한국어에서는 유대가 권세를 지배할 수 없다.

김정호(2004)에 의하면, 한국어 경어법 사용의 원리에는 '관계 표현'과 '상황 표현' 그리고 '전략적 표현'이 있다. 관계 표현이 대화

---

29) 사회언어학에서 공존규칙을 제일 먼저 설정한 학자는 Ervin-Tripp(1966)이다.

참여자들의 지위 관계와 유대 관계에 따라 적절한 등급을 선택하여 사용하는 것을 의미한다면, 상황 표현은 참여자들의 관계와 상관없이 대화가 이루어지는 공간과 분위기 등에 따라 적절한 등급을 선택하여 사용하는 것을 의미한다. 전략적 표현은 화자가 자신의 의사를 효과적으로 표현하거나 대화의 주도권을 잡기 위해 합의되지 않은, 혹은 청자가 기대하는 것과는 다른 청자 높임법의 등급을 의도적으로 사용하는 것을 말한다.

위에서 볼 수 있듯이, 한국어에서 명사반복 조응 형식의 사용은 경어법에 의해서 사용되며 이는 중국어와 많이 다르다. 한국어에서는 경어법에 의해 명사반복 조응 형식을 반드시 사용하는데, 현대 중국어에서 명사반복 조응 형식의 사용은 화자에 의해서 자유롭게 사용할 수 있지만 반드시 사용해야 하는 것은 아니다.

한국어 명사반복 조응의 사용에는 경어법 이외에 대명사도 영향을 미친다. 사실상 둘은 분리할 수 없는 관계에 있다. 한쪽의 용법을 분석하면 반드시 다른 한쪽의 용법도 같이 분석해야 한다. 인칭 대명사로 인해 명사반복 조응 형식이 사용하게 된 상황은 다음과 같은 세 가지로 설명된다.

첫째, 2인칭 대명사 체계 중 '부모, 선생님, 연배 위인 사람, 상사' 등에게 '해요체'와 '합쇼체'로 말해야 되는데 적절한 2인칭 대명사가 없기 때문에 회화 시 보통 명사반복 형식을 사용해서 상대방을 지칭한다. 그러므로 2인칭 대명사 체계의 불완전성은 명사반복 형식의 사용의 원인이 된 것이라 할 수 있다. 하지만 이에 대해 다시 뒤집어 생각해 보면, 명사반복 형식과 대명사 형식 둘 간의 관계는 누가 원인인지 누가 결과인지 위와 반대된 결론을 내릴 수도 있다. 한국어에서는 윗사람에게 2인칭 대명사를 쓰지 않고 명사반복 형식을 사용하는 것은 근대 중국어까지 보았던 상황과 똑같다. 중국에는 청나라 말(20세기 초반)까지만 해도 윗사람에게 2인칭 대명사 '尔' 혹은 '你'를 사용하면 예의가 없다고 여겼고, 여러 가지 명사 형식을 사용해서 상대방을 칭했다. 한국어의 이러한 비슷한 언어 현상이 혹시 역사상 중국의 영향을 받아 언어에 반영된 것인지, 사회언어학적으로 흥미 있는 연구 대상이 될 수 있을 것이다. 이러한 측면으로 보면, 사람들이 실제 사회 교제 중 명사반복 형식으로 예의를 표시한다는 것은 한국어에 윗사람에게 사용할 수 있는 적당한 2인칭 대명사가 부족한 원인이 된다고 할 수 있는 것이다. 그리고 중국어에는 청나라 말부터 2인칭 대명사의 존칭 형식 '您'이 나타나서 사회 전 계층에서 보편적으로 사용하게 되었고, 사회 발전과 변화에 따라 2인칭 존칭 형식의 사용은 점점 통칭 형식 '你'와 혼동되는 추세가 보인다. 중국어와 달리, 한국어에는 아직 원래의 언어 모습을 유지하고 있다. 여기서도 알 수 있듯, 언어의 발전과 변화는 사회와 아주 깊은 관계가 있다.

둘째, 한국어 3인칭 대명사 형식 '그/그녀'는 사용할 수 있는 범위가 아주 좁기 때문에 회화 중 제3자를 언급할 때 적절한 3인칭 대명사가 결핍되었으므로 명사반복 형식을 사용한다. 구체적으로 보면 화자가 판단하기에 자기와 별로 친분 관계가 없으며 거리가 좀 먼 제3자를 지칭할 때만 '그/그녀'를 사용할 수 있다. 그것도 회화에 아주 적게 쓰는 것이다. 보통 '지시사+명사' 형식(예 : 그분, 그

애, 그 사람, 그 여자 등)으로 제3자를 지칭한다. 그런데 화자와 일정
의 관계를 두고 있는데 '지시사+명사' 형식으로도 쓸 수 없는 경
우에 제3자를 명사반복 형식으로 쓴다. 다음의 예를 보자.

> (47) A : 재범 씨 일 진짜 열심히 하네요.
> B : 재범 씨는 원래 그래요.

(47)에서, 화자 A, B는 대화에 언급된 '재범씨'란 사람과 같은 회
사의 동료인데 친하지도 않고 멀지도 않는 일정한 거리가 있는 관
계라는 상황에서 화자가 '재범씨'에게 3인칭 '그'를 쓰면 예의가
없어 보인다. 재범씨의 나이가 화자들과 비슷하거나 적고, 직위는
화자들과 비슷하거나 하위에 있다면, 화자들이 재범씨에게 존칭 형
식인 '그분'을 쓸 수도 없다. 이런 상황에는 명사반복 형식밖에 적
절히 칭할 수 있는 방법이 없다는 것이다. 이처럼 한국어 3인칭 대
명사 '그/그녀'의 사용은 아주 제한적인데 화자가 판단하기에 자기
와 별 관계가 없는 제3자에게만 쓰는 것이다.

한국어 회화에서 화자는 자기와의 관계가 어떤지에 따라 제3자
를 지칭하는 방식을 선택하는데, 청자도 역시 화자가 선택한 지칭
방식을 통해 화자와 제3자의 관계를 잘 알 수 있다. 이렇게 보면
한국어의 3인칭 대명사 사용과 명사반복 형식의 사용은 화자의 판
단이나 화자의 회화 의도와 긴밀한 관계가 있어서 아주 복잡한 모
습을 보인다. 이는 중국어나 영어와 아주 다르다. 중국어에서는 3
인칭 대명사 '他/她'는 통칭 형식인데 나이, 지위 등과 상관 없이

자유롭게 사용할 수 있다. 그렇기 때문에 중국어 문어체나 회화체에 3인칭 대명사의 사용은 간편하고 통일된 모습이 보인다.

셋째, 한국어에는 친척관계에서 연배가 위인 사람에게 3인칭 대명사를 쓸 수 없다. 부모나 조부모 등 사람을 지칭할 때 언제나 명사 형식인 친족 칭호를 반복적으로 써야 된다. 이는 현대중국어와 다르다.

한국어에서 3인칭 대명사의 사용과 명사반복 형식, 그리고 '지시사＋명사' 형식의 사용과 서로 아주 복잡한 관계에 놓여있다. 한국어에서는 화자와 청자의 관계, 그리고 화자, 청자와 제3자의 실제 관계가 언어의 사용 형식을 결정한다. 이것은 중국어 3인칭 대명사 사용의 간단한 언어 규칙과 아주 다른 양상을 보인다.

## 2.3. 시각 전환

이 절에서는 한 가지 특수한 언어 현상에 대해 고찰하고자 한다. 바로 '모성어(motherese)'다. Jakobson(1960)과 Ferguson(1977)의 연구에 의하면, 모성어란 중국어와 한국어를 비롯한 많은 언어에 존재한다. 모성어란, Elliot(1981)에 의하면, 어른들이 유아와 말할 때, 항상 유아의 심리를 고려해서 유아의 이해 수준에 맞춰서 자기의 말을 조절해 하는 말이다. 그래서 유아어(baby talk, parentese, child-directed talk, adult-child language)라고도 불린다(Reich, 1986). 모성어는 단지 어른만 구사하는 것이 아니다. Gleason(1973)에 의하면, 8살 아이가 4살 아이에게 말할 때도 이미 모성어의 어떤 특징을 가지고 말한다고 한다. 모성어의 한 가지 특징은, 유아는 인칭대명사에 대한 이해와 습득이 상대적으로 어렵기 때문에 어른은 인칭 관계를 언급할 때 인칭대명사를 하지 않고 항상 유아의 시각에서 명사 형식으로 사람을 칭한다. 예를 들면, 부모가 어린 아이 앞에서 자기를 지칭할 때 '나'가 아니라 항상 '아빠', '엄마'의 형식으로 부른다. 그리고, 아이를 지칭할 때도 '너'가 아니라 항상 아이의 이름이나 애칭으로 아이를 부른다. 이러한 지칭 방식은 상대방의 시각을 고려한 것이다. 다음 예문을 보자.

> (48) 丁峰：儿子, 那天那事爸爸也不对。……你能原谅爸爸吗？(陈永涓
> 等 ≪宝贝儿≫, 儿童剧)
>
> 丁峰：아들아, 그날 그일은 아빠도 잘못 했어. … 넌 아빠를
> 용서할 수 있니?
>
> (49) 小芳, 告诉爷爷, 愿意跟爷爷、东东住在一起吗？(电视剧 ≪渴望≫)
> 小芳, 할아버지에게 말씀드리렴. 할아버지랑 东东이랑 같이
> 사는 게 좋아?

(48)에서는 아빠가 자신을 지칭할 때 인칭대명사 '我'를 사용하지 않고 계속 명사 형식 '爸爸'를 사용했다. 어린 아이가 자기나 어른을 칭할 때 보통 명사 형식을 칭하기 때문에 아빠도 아이의 방식과 시각으로 말한 것이다. (49)에서는 화자가 자칭할 때 1인칭 '我'를 사용하지 않고 상대방 아이가 자기를 부르는 칭호 '爷爷'으로 칭했다.

이러한 모성어의 사용은 단지 어린 아이와 대화 할 때만 나타나

는 것이 아니다. 연배가 위인 사람이 이미 어른이 된 후배에게 말
하거나 혹은 같은 연배 사람끼리의 대화에서도 이를 흔히 찾아 볼
수 있다. 특히 자칭할 때는, 대명사 '我'가 아니라 항상 명사 형식
을 쓴다. 다음 예문을 보자.

> (50) 往后大妈不想别的了, 大成啊, 你可别忘了我那儿还是你的家,
> 你要常来看大妈, 啊！(电视剧 ≪渴望≫)
> 앞으로 난 다른 것을 생각하지 않겠다, 대성아, 넌 여기가 여
> 전히 네 집이란 것을 잊지마, 넌 날 보러 자주 와라.
>
> (51) 大全 : 大婶, 我还有事……
> 大婶 : 今儿个得听大婶的。你们好好谈谈。(≪广播剧选集3≫
> 广播出版社, 1984)
> 대전 : 아주머니, 전 아직 일이 좀 있는데 …
> 아주머니 : 오늘은 아주머니의 말을 들어야 돼. 너희는 잘 얘
> 기해 봐라.

위의 예문들을 보면, 어른들 사이의 대화에서도 같은 현상이 벌
어진다. 특히 자기를 지칭할 때 1인칭 '我'를 사용하지 않고 상대
방이 자기를 부르는 칭호를 사용하는 것을 모성어의 연장 용법으
로 볼 수 있다. 화자가 이렇게 명사반복 형식으로 자기를 지칭하는
것은 자기의 신분이나 청자와의 관계를 강조함으로써 어떤 화용적
목적에 달성하려는 의도가 있다는 것이다. 화자가 서로의 관계를
가깝게 만들려거나, 혹은 권고의 의미를 더 강하게 부여하려거나,
아니면 자신의 위엄감을 표시하려고 한다는 다양한 의도가 있는
것이다.

그 외에도, 대화에 화자가 대명사 형식을 사용하지 않고 명사 형식을 사용하는 것은 또 다른 의미가 있다. 상대방 혹은 제3자 등 타인의 시각으로 자기를 명사 형식으로 지칭한다면, 일종의 거리감을 유지할 수도 있고 객관적으로 평가하고 있다는 느낌을 청자에게 줄 수 있다. 다음 예문을 보자.

> (52) 乔子龙 : "乔子龙什么时候对大伙儿说的话不算数过？"(蒋子龙 ≪乔厂长上任记≫)
>
> 乔子龙 : 乔子龙이(내가) 언제 여러분에게 한 말을 책임지지 않았던가요?
>
> (53) 狗旺 : "狗旺怎么着也是个好同志吧？"(刘绍棠 ≪蒲柳人家≫)
>
> 狗旺 : 狗旺은(나는) 어째도 좋은 사람이겠지?

(52)에서 공장장인 '乔子龙'은 직원들의 시각으로 자기를 이름 '乔子龙'으로 칭했는데, 자기가 직원들의 편이란 뜻을 잘 표현할 수 있고, 또는 자기가 솔직하고 믿을 수 있는 사람이란 느낌도 전해준다. (53)에서 '狗旺'은 상급 사람들이 자기를 평가하는 것처럼 말했는데 객관적인 평가란 느낌도 주고 재미있다는 화용적 효과도 가지게 된다.

이렇게 타인의 시각으로 타인이 자기를 평가하는 것처럼 말하면 청자에게 객관적인 평가라는 느낌을 줄 수 있고 또 다양한 화용적 목적과 효과를 담게 될 수 있다. 이와 같은 시각 전환으로 어떤 화용적 목적을 표시하는 용법은 중국어와 한국어를 비롯한 많은 언어에서 모두 찾아볼 수 있다.

## 3. 소결

3장에서는 중국어 명사반복 형식에 대해 문어체와 회화체 텍스트로 나누어서 그 의미적 기능과 화용적 기능을 고찰해 보았다.

우선 중국어 문어체 텍스트에서 명사반복 형식은 비연속성이란 의미적 기능이 있다는 것을 밝혔다. 중국어 명사반복 형식의 이러한 특성은 Fox(1987)가 주장한 영어 문어체 텍스트의 조응 모델과 명사 형식의 기능이 같다는 것을 알아 보았다. 그리고, 한국어 문어체 텍스트에서 명사반복 형식도 비연속성이 있다는 것을 살펴보았다.

그 다음으로 본 장에서는 의미 단위의 확정 과정을 고찰하였고 화자(작가)가 자기의 인지와 논리 판단에 의해 의미 단위를 정하는 것에 대해 서술하였다. 이러한 의미 단위는 명사 형식을 시작으로 하여 마침표 뒤에 다시 나타나는 같은 명사 형식으로 끝난다. 그리고, 마침표 뒤에 나타난 명사반복 형식은 새로운 의미 단위의 시작을 표시한다. 그러므로, 명사 형식은 의미 단위의 표시라는 기능이 있는 것이다. 의미 단위 내 영조응이나 대명사 조응 등 다양한 조응 방식을 사용할 수 있을 뿐 아니라 명사반복 조응 형식도 사용할 수 있다. 하지만 의미 단위 내 사용된 명사반복 형식은 영조응이나 대명사 조응 등으로 대체할 수 있으므로 새 의미 단위를 표시하는 기능이 없다. 따라서 이 글에서는 중국어 문어체 텍스트의 명사 형식을 두 가지로 분리하였다. 하나는 마침표 뒤에 나타난 명사반복 형식은 의미적으로 비연속성이 있으며 하나의 의미 단위의 시작을 표시하고 이를 A식명사라고 부른다. 다른 하나는 의미 단위 내에 나타난 명사반복 형식인데 화자의 여러 의도를 표시해 준다는 화용적 기능이 있다. 이는 영조응이나 대명사 조응 형식과 마찬가지로 새로운 의미 단위의 표시가 아니므로 B식명사라고 부른다.

중국어 문어체 텍스트에서 의미 단위의 표시로 나타난 명사반복 형식은 화용적으로 보면 초점화 효과가 있는 것은 물론이고, 의미 단위 내 사용된 명사반복 형식도 마찬가지로 초점화 효과가 있다. 의미 단위 내 명사반복 형식을 사용함으로써 화자가 강조하거나 상기시키는 여러 의도를 표시할 수 있고 결국 독자의 주의력을 집중시키는 초점화 효과가 생기도록 한다.

또한 본 장에서는 중국어 회화체 텍스트의 명사반복 형식에 관해 우선 역사적인 영향과 발전을 고찰하였다. 현대중국어에서 명사반복 형식의 사용은 존대 표시라는 화용적 기능이 있는데, 이는 필수적인 것이 아니라 화자가 회화 의도에 따라 수의적으로 선택한 수단이라고 할 수 있다. 이는 한국어의 명사 형식이 경어법에 의해 필수적으로 사용해야 된다는 것과는 다르다. 그 밖에 명사반복 형식은 시각 전환이란 화용적 기능이 있는데 여기에는 두 가지 상황이 있다. 하나는 모성어라고 하는데 아이의 시각으로 자기를 지칭하는 것이고, 또 하나는 상대방이나 제3자의 시각으로 자기를 지칭하는 것이다. 화자가 시각 전환으로 여러 화용적 목적을 표시할 수 있다.

# 제4장
# 인칭대명사 조응

　이 장에서는 중국어 인칭대명사 조응에 대해 주로 2인칭 대명사 조응과 3인칭 대명사 조응을 고찰하고자 한다. Levinson (1983),[30] 한정은(2005 : 238, 239), 민경모(2012 : 42), 한미애(2013 : 390)에 의하면, 1인칭, 2인칭과 3인칭 대명사는 모두 인칭 직시어(person deixis)다. 하지만 1인칭 대명사는 문어체나 회화체 텍스트에 보통 선행어가 나타나지 않기 때문에 2인칭과 3인칭 대명사와 많이 다르다. 그러므로 이 글에서는 1인칭 대명사의 조응에 대해 전개하지 않을 것이다. 2인칭 대명사는 텍스트에 선행어가 없는 경우도 있고 있는 경우도 있는데 회화에 가장 많이 쓰이므로 단수 형식 '你'와 존칭 형식 '您'을 중심으로 회화 중 어떤 화용적 기능이 나타나는지에 대해 분석하고자

---

30) Levinson(1983)은 직시어를 인칭 직시어(person deixis), 시간 직시어(time deixis), 장소 직시어(place deixis), 담화 직시어(discourse deixis), 사회적 직시어(social deixis) 5가지로 구분한다.

한다. 3인칭 대명사는 문어체나 회화체 모두에 많이 쓰이는데 본 장에서는 주로 문어체 텍스트에 사용된 단수 '他'의 의미적 기능을 분석한다.

## 1. 이인칭대명사 조응의 화용적 기능

张寿康(1981)에 의하면, 2인칭 단수의 존칭 형식 '您'은 청나라 말기에 이미 많이 쓰인다. 그 발전 과정을 고찰해 보면 처음에는 지위가 낮은 계층의 언어에서 생긴 형식으로, 이후 변화하여 순수한 존칭어가 되었다. 20세기 초 이전에는 친척 관계가 있는 사람 사이에 친속 호칭어를 사용하면 존경의 의미를 표현할 수 있었다. 혹은 아랫사람이 윗사람에게 사회적 지위를 나타내는 명사를 사용하면 존경의 의미를 충분히 표현할 수 있었다. 이렇게 칭하는 방식은 상위 계층에서 이미 사용되어 왔다. 하지만 계층이 낮은 사람들 사이의 교제에서는 등급을 표시하는 명사 대신 공경, 친근함, 공손함, 더욱 친근해지는 관계를 만들기 등을 표현하기 위해 대명사와 친속 명사를 사용하였다. 친족 관계가 있다면 친속 명사로 공경을 표할 수 있지만 이런 관계가 아닌 경우에는 공손함, 공경 등의 의미를 어떻게 전달해야 할까? 대명사 '你'는 너무 직접적으로 상대방을 지칭하는 표현이라고 할 수 있으나 '您' 혹은 광범위한 친지 관계를 지칭하는 단어와 더불어서 상대방을 칭하면 간접적이고 더욱 부드럽게 표현할 수 있다. 사회가 발전하면서 시민 계급이 더욱 확대되어 사회계층 간의 교제 기회가 증가하였고, 따라서 하위 계층의 사람들이 사용하던 '您'을 대부분의 사람들이 받아들여 사용하게 되면서 그 의미가 고정되어 독립적인 존칭어 형식이 되었다.

그런데, 회화 중 존칭 형식 '您'의 사용은 많은 사회적 요소의 영향을 받는다. 예컨대, 회화 발생의 배경이나 회화 시 화자와 청자가 처하는 환경, 회화 진행 시의 상황, 그리고 그 상황에 적합한 표현 형식의 선택 등의 여러 요소가 있다. 이러한 사회적 요소를 고려하지 않으면 언어 표현의 분석은 충분하지 않다. 그러므로, 이 절에서는 사회언어학적 시각에서 2인칭 대명사 '您'과 '你'의 화용적 기능을 분석하고자 한다.

## 1.1. 의도 표시

사회언어학적 규칙이란 화자가 청자를 향해 어떤 말을 하고자 할 때 청자의 신분(나이, 성별, 사회적 지위), 화자와 청자의 관계, 때와 장소 등을 고려하여 사회적으로 용인 가능한(acceptable), 적절한 언어를 사용하는 규칙을 말하는 것으로, 순수언어학적 규칙과 대비되는 개념이다.

Roger Brown과 Albert Gilman(1960)은 대명사의 대칭 체계의 발전 과정에서 갖는 두 가지 기본적인 의미 관계나 사회적 특징을 관찰해냈다.[31] 하나는 권세라는 의미 특징이고 다른 하나는 유대라는

---

31) Roger Brown과 Albert Gilman(1960)은 탐방, 작품 분석 및 설문조사 방법을 통해 여러 종류의 유럽 주요 언어의 대명사 체계에 대한 비교 연구를 하여 <권세 및 유

의미 특징이다. '권세'는 한 사람이 다른 사람의 행동을 통제할 수 있으며 다른 사람에 대해 권력이 있다는 뜻이다. '권세'는 비상호적인 관계로 두 사람은 어떠한 행동 범위 내에 있을 때 서로 상대방에게 권세가 있을 수 없다. 그래서, '권세'의 관계에서는 양쪽 간에 불평등한 관계가 존재한다. 유대의 관계에서 양쪽은 평등한 지위에 있다. 이러한 권세와 유대를 단적으로 나타내는 언어 형식의 예로서 인칭대명사를 들 수 있다. 이 두 의미 특징을 구분하기 위해 불어의 2인칭 대명사 tu와 vous의 첫 글자인 T와 V로 표시한다. T는 '유대'를 상징하는 것으로 친근함과 편안함(familiarity and informality)을 표시하는 통칭 형식을 대표하고, V는 '권세'를 상징하는 것으로 존경과 예의(respect and politeness)의 존칭 형식을 대표한다.

중국어에서 2인칭 대명사인 '您'과 '你'도 상술한 '권세'와 '유대'의 의미적 특징이 있다. '你'은 T식이고 '您'은 V식이다. '您'의 역사적 발전 과정에서 보았듯이 베이징 방언의 '您'은 북방 지역에서 유행했으며 비지식 계층 사회에서 활발하게 쓰였다. '您'은 '你'라는 형식보다 베이징 방언의 색채가 더 강하다. '您'이 현대 표준 중국어에서 나타나는 빈도는 베이징 방언보다 훨씬 적다. 그렇다면 먼저 베이징 방언에서 '您'와 '你'의 사용에 어떠한 특징이 있고 어떠한 요소의 영향을 받는지 살펴보자.

陈松岑(1986)은 1920년대에서 1970년대 말까지 베이징 문학 극본 8편에서 '您'과 '你'의 사용 상황을 통계했고 郭风岚(2008)은 북

---

대를 표시하는 대명사(The Pronouns of Power and Solidarity)>를 발표했다.

경어언문화대학이 1980년대에 만든 ≪현대 베이징 구어 언어 자료
(当代北京口语语料)≫[32]를 분석 자료로 현대 베이징 방언의 2인칭
'您'과 '你'의 용법과 기능에 대해 전면적인 조사와 분석을 실시했
다. 조사에서 알 수 있듯이 베이징 사람들은 일상적인 교류를 할
때 2인칭 대명사인 '您'과 '你'를 선택적으로 사용했는데 이는 '권
세'와 '유대' 관계를 그대로 보여주었다. 베이징 방언에서 '您'과
'你'는 일반적으로 관계가 동등할 경우 '你'를 사용하고 '권세'의
관계를 나타낼 경우 예를 들어 어른 대 아이, 높음 대 낮음, 위 대
아래에서는 '你'를 사용하고, 아이 대 어른, 낮음 대 높음, 아래 대
위에서는 '您'을 사용했다.

陈松岑(1986)의 조사에 따르면 '您'와 '你'의 사용은 다음과 같은
몇 가지 요소의 영향을 받는다.

첫째, '您'의 사용 빈도의 경우 성인이 아동보다 높다. 아동은
'您'에 대해 나이가 많아질수록 익숙해지기 때문이다. 이외에 육체
노동자가 정신 노동자보다 높다. V식은 원래 후배, 아랫사람, 노복
등이 선배, 상사, 주인 등을 지칭하는 것이었다. 육체 노동자는 오
랫동안 낮은 사회적 지위에 처해 있어서 V식으로 대다수 청자를
지칭하는 습관이 있었다. 그러나 정신 노동자는 사회 지위가 높은
관계로 이러한 영향을 덜 받았다. 이에 郭风岚(2008)은 현대 베이징

---

32) ≪현대 베이징 구어 언어 자료(当代北京口语语料)≫는 자연적인 언어 환경에서의
   인터뷰 내용을 녹음해서 얻은 조사 자료이다. 피조사자는 성별, 연령, 교육 수준, 직
   업, 민족, 거주지 등에 따라 무작위 선정되었고 최종적으로 500명에 가까운 사람들
   이 조사에 참여했으며 총 170만 자에 이르고 374명의 이야기가 수록되어 있다. 말
   하는 화제는 주거 조건, 사회 치안, 혼인 및 장례 등의 내용이었다.

방언의 조사 결과에 대해 다음과 같이 밝혔다. '您'을 사용하는 빈도와 연령은 직접적인 관련이 없고 성별도 관련이 없지만 교육 정도와는 관련이 있다. '您'의 사용을 선택하는 화자는 교육 정도가 낮을수록 많고, 교육 정도가 낮을수록 '您'을 사용하는 경향이 강해진다.

둘째, 대화를 나누는 사람 간의 관계는 고정불변한 것이 아니다. 그들 간의 관계가 변하면 대명사 선택에도 크게 달라진다. 반대로 독자나 청자가 대명사 형식의 변화로부터 교제하는 사람들 간의 관계와 그 변화를 판단할 수 있다. 연배로 결정하는 대명사의 변화는 가장 적다. 그러나 연령관계가 결정하는 대명사 형식 변화는 많은 편이다. 동창, 동료, 이웃 등이 형성하는 동등 관계로 결정하는 대명사 형식 변화가 가장 크다.

셋째, 대화를 나누는 쌍방의 관계는 변하지 않지만 화자가 청자에 대한 태도가 변하는 경우이다. 이 때 대명사 형식도 변하는데 이러한 변환은 감정적인 색채를 띠며 화자의 특수한 목적을 나타낸다. 이것이 바로 이 글이 고찰할 2인칭 대명사의 화용적 기능이란 것이다. 즉, 회화 중 화자가 대명사 형식의 변화를 씀으로써 자기의 의도와 감정을 표시한다는 것이다.

다음에 예문을 들어서 몇 가지 상황을 보자.

1) 두 사람이 '권세'의 관계가 있고 권세가 높은 사람이 상대방에게 특수한 경의를 보여주거나 높이 평가하고자 하여 본래의 '你'을 사용하지 않고 '您'를 사용하는 것이다. 다음의 예문을 보자. 다음 (54) 중의 '小力笙'은 화자 '石掌柜'의 학도이다. 화자 '石掌柜'

가 '小力笨'을 칭할 때 '你'에서 '您'으로 분명한 전환이 있었다.

> (54) 石掌柜 : 小力笨, 合着你是, 您是……, 合着您是地下党, 在我这
>            儿学了二年徒, 风雨不漏, 您这功夫, 瓷实……)(李龙云
>            ≪小井胡同≫, 话剧)
>    (石掌柜 : 小力笨, 넌, 당신은 … 당신은 지하당이군요, 나한테
>            이 년 동안 배웠는데, 비밀을 잘 지켰군요. 당신의
>            내공은, 정말 강하군요 …)

2) 권세가 높은 화자가 자신이 청자를 조롱하고 비웃는다는 것을
보여주기 위해 '你'를 써야 할 자리에서 '您'을 사용한다. 다음 (55)
를 보면, 화자 '何贵'는 미래의 사위 '孔繁星'의 행위를 멸시하기
때문에 원래 '孔繁星'에게 '你'를 써야 되는데 그렇지 않고 '您'을
사용했다.

> (55) 何贵 : (对孔繁星)您起驾回宫吧!(苏叔阳 ≪家庭大事≫, 话剧)
>    何贵 : (미래의 사위 孔繁星에게)당신은 돌아가십시오!

3) 권세가 낮은 화자가 청자에게 멸시를 나타내고자 할 경우 원
래 '您'을 써야 하지만 '你'를 사용할 수 있다. 다음 (56)를 보면,
청자 '陈九龄'는 화자 '大牛子'가 몇 년 간 보지 못한 아버지인데
'大牛子'가 곤궁한 모습을 보이는 상대방이 자신의 아버지인줄 모
르고 오히려 아버지를 멸시하는 느낌으로 말했다.

> (56) 大牛子 : (看不起狼狈的陌生人陈九龄)别大牛子、大牛子的，你

是他什么人？你是他的爸爸？我就是大牛子，大牛子
没你这个土鳖爸爸!玩去!(李龙云 ≪小井胡同≫)

大牛子 : (곤궁한 낯선 사람 陈九龄에게)'大牛子, 大牛子'라고
하지만, 넌 그와 어떤 관계가 있냐? 니가 그의 아빠
냐? 내가 바로 大牛子야, 大牛子는 너 같은 촌스러운
아빠가 없다. 꺼져!

4) 만일 화자와 청자가 '유대'의 관계라면 원래 '你'를 사용해서
친근하고 편한 느낌을 보여주어야 하나 화자가 냉담하고 소원한
감정을 표현하려 한다면 '您'을 사용한다. 혹은 화자는 청자를 조
소하거나 빈정대기 위해 '您'을 사용하기도 한다. 다음 (57)을 보면,
화자 '何新民'는 제부 '孔繁星'에게 원래 '你'를 사용하면 되는데
일부러 '您'을 사용함으로써 소원한 감정을 표현했다.

(57) 何新民 : (对姐夫孔繁星)对不住，咱们国家呀，像您这路朋友太多
啦 !(苏叔阳 ≪家庭大事≫)

何新民 : (제부 孔繁星에게)미안하네요. 우리 나라에는 당신과
같은 친구가 너무 많네요.

陈松岑(1986)은 대화를 나누는 두 사람이 오랫동안 관계를 유지
했는가도 중요하다고 보았다. 지인 관계인 대화자들이 사용하는
'你/您'는 일반적으로 '자세를 낮춤/존경', '친밀/소원'의 의미를 보
여준다. 이 경우 대명사 형식의 전환은 특수한 목적이 있다는 것을
의미한다. 오랫동안 관계가 없는 대화자들이 서로 일반적으로 '你/
您'를 사용해서 '편함/정중함', '친근/격식'의 의미를 표현한다. 대

명사의 전환은 특수한 목적이 있는 것이 아니다. 이에 두 사람이 오랜 사이가 아닌 동등한 관계일 때 무의식적으로 대명사 형식을 전환하는 가능성이 가장 크다.

郭风岚(2008)은 상대방에 대해 '권세'의 관계에 있을 때 높은 사람이 낮은 사람에 '您'을 사용하거나 두 사람이 '유대' 관계에 있을 때 '您'을 사용한다면 이는 예의의 요소에 영향을 받았기 때문이라고 보았다. 이를 통해 청자에 대한 예의와 격식을 차리면서 서로 간의 사회적 거리를 나타낼 수 있기 때문이다.

이 외에 毛悦(2003)의 조사[33])에 따르면 사람들이 평등과 자유 의식이 심화될수록 '您'의 사용률이 '你'의 사용률보다 현저하게 낮았다. 그리고 현재 정확하게 '您'와 '你'의 전환을 통해 이에 담긴 깊은 함의를 표현할 줄 아는 사람이 갈수록 줄어들고 있으며 대부분 사람은 이러한 용법을 모르거나 이해하고 있어도 사용할 줄 모른다고 한다.

여기서 알아 두어야 할 것은, 중국어는 존경을 표시하는 방식으로 처음에는 명사 형식으로 상대방을 지칭하는 것으로, 그 다음에 존칭 형식 '您'으로 상대방을 지칭하는 것으로 발전했고, 존칭 형식 '您'의 사용도 필수적 사용을 선택적 사용으로 바꾸었다. 이러한 발전 과정은 아직 끝나지 않았다고 말할 수 있다. 상술한 毛悦(2003)의 조사는 이러한 변화 추세를 반영하고 있다. 즉, 존칭 형식 '您'은 변화의 과정을 겪고 있으며 최초에는 상대방을 존경하기 위

---

33) 피조사자는 베이징에서 태어나고 자란 베이징 사람과 베이징에서 20년 이상 거주한 외지인을 포함한다.

해 '您'를 썼지만 현재는 '你'와 '您'을 모두 사용할 수 있다. 이 발전 과정의 결과 영어의 V식인 'thou'처럼 최종적으로 사라질지 현재로서는 알 수 없다. 하지만 존경의 기능과 비교해볼 때, 일반적인 사람이 '您'을 더 많이 사용하는 것은 예의와 격식을 보여주거나 화자에게 특수한 목적(예를 들어 상대방에 대한 호감을 보여주려 할때)이 있기 때문이다. 따라서 강제적 사용은 아니라는 것을 알 수 있다. 이에 동일한 상대방에게 대화 중에 '你'와 '您'을 혼용하는 현상이 나타나거나 처음에는 상대방이 '您'을 사용하며 예의를 갖춘 후 대화 중에 '你'을 사용하는 현상도 자주 볼 수 있다. 이에 다음과 같이 정리할 수 있다. 즉, '你'와 '您'의 사용은 기본적으로 임의성과 개인화로 흘러가고 있다. 이는 사람들의 평등 의식과 깊은 관계가 있으며 많은 베이징 지역 이외의 사람들이 현대중국어 표준어를 사용할 때 '你'와 '您'의 차이를 따지지 않는 것과도 관련이 깊다.

　　그러면, 한국어 2인칭 대명사를 대조해 보자. 한국어의 2인칭 대명사는 그 종류가 무척 많은 편임에도 불구하고 그 쓰임은 활발하지 못한 면모를 보인다. 이익섭, 이상업, 채완(1997 : 232-233)에 따르면, 많은 언어에서 2인칭 대명사는 평칭과 경칭으로 나뉘어 있다. '한국어에는 2인칭 대명사가 겨우 평칭과 경칭으로 양분되는 수준이 아닌 것이다. 청자의 신분에 따라 '너, 자네, 당신, 댁, 어르신' 등으로 세분되어 있는 것이다. 그러나 2인칭 대명사에서의 경어법은 그리 완전한 편이 못된다. 무엇보다 이들이 포괄할 수 있는 범위가 그리 넓지 못하다. 상대방을 이들 대명사의 어떤 것으로도 가

리키지 못하고 명사 호칭을 써야 하는 경우도 있고, 또 이들 각각
의 용법도 제약을 받는 경우가 많기 때문이다. 한국어의 2인칭 체
계에는, 부모, 선생님, 상사, 혹은 지위가 높은 자나 연배가 위인 사
람 등에게 적당한 2인칭 대명사 형식이 없다. 다음 <표 11>(박영순,
1993 : 181-182)에서도 잘 나타나 있다.

〈표 11〉한국어의 2인칭 대명사 체계

| 등분 | 공기관계 | | |
|---|---|---|---|
| | 호칭, 지칭어 | 2인칭 대명사 | 문장어미 |
| 6 | 친적호칭+님 (고모님)<br>지위+님(교수님, 선생님, 과장님) | | 했습니다 |
| 5 | 친적호칭 (삼촌)<br>(성)지위+님, … 씨(이과장님,…씨) | | 했어요 |
| 4 | (성)지위(김선생, 김교수, 이과장) | 당신 | 했소 |
| 3 | (성)군, (성)양 (김군, 김양) | 자네 | 했네 |
| 2 | (성)군, (성)양, (이름)이 | | 했어 |
| 1 | (이름)아 | 너 | 했다 |

  <표 11>에서 볼 수 있듯이, 존경의 징도로 분류된 6등급(현대한
국어에서 쓰이는 상대경어법의 등급을 몇 등급으로 파악하여야 하느냐에 대해
서는 학자에 따라 의견이 얼마간씩 갈려 있다. 여기에서는 일단 6개의 등급을
택한다.) 중의 5, 6등급에 '해요체', '합쇼체'를 사용해야 되는 경우,
상응한 2인칭 대명사가 없다는 것이다. 그러므로, 이런 경우에는
명사반복 형식을 사용해서 같은 상대방을 지칭한다. 다음 예문에서
'어머니, 선생님' 등이 대명사로 바뀌어 쓰일 가능성은 없다.

  (58) 어머님, 어머님은 뭘 드실래요?

(59) 선생님은 어렸을 때 선생님의 용모에 자신이 있으셨어요?

박영순(1995)에 의하면, 친척호칭 자체는 일단 존칭이므로 '너'나 '자네'와 같은 대명사로는 대치가 안 된다. 이들 손위 가족이나 친척들이 상대, 즉 2인칭일 때는 무조건 처음부터 끝까지 친척호칭을 써야 한다는 것이다.

김광희(1992 : 173)에 따르면, 대명사를 쓰는 것보다 오히려 직함과 같은 명사 표현을 그대로 옮겨 쓰거나 아예 대명사를 밝히지 않는 경우에 객관성의 표출이 훨씬 용이하다.

이익섭 등(1997 : 115)에 따르면, '앞 문장의 명사를 대명사로 받기보다는 대개 그 명사를 반복해 쓰며, 또 존대해야 할 사람은 그를 가리킬 대명사가 아예 없어서 명사를 쓸 수 밖에 없는 경우도 많다. 전체적으로 한국어는 대명사가 잘 발달되지 않은 언어, 아니면 그 쓰임이 활발하지 못한 언어라고 할 수 있을 것이다.'

## 1.2. 시각 전환

위에서 고찰하였듯, 중국어 2인칭 대명사 '你'와 '您'의 사용은 화자의 여러 가지 화용 목적을 잘 표현할 수 있다. 이 밖에 중국어 2인칭 대명사는 시각 전환이란 용법이 있다. 실제로 작문, 독해 혹은 회화 중에서 우리는 종종 이러한 현상을 볼 수 있다. 즉, 1인칭이 화자를 지칭하는 것이 아니라 청자를 지칭하기도 하며 지시 대상이 변화할 뿐만 아니라 인칭의 수 또한 변화할 수 있다. 예를 들면, 복수 형식의 대명사는 어떠한 단수의 인물을 지칭하기도 한다. 또 2인칭이 청자를 지칭하지 않고 화자 혹은 임의의 다른 인물을 지칭하기도 하며, 수 또한 변화하기도 한다. 우리는 이런 문제에 대해 시각적 변화 측면에서 분석해 볼 수 있다.

2인칭 대명사가 화자 혹은 임의의 다른 인물을 지칭한 용법은 다음과 같은 예문34)에서 잘 볼 수 있다.

1. 2인칭의 '你/您'이 실질적으로는 화자인 '我/我们'를 가리키는 경우. 다음의 예문을 보자.

> (60) 我们i坐的车呢，是哪怕差一公尺呢，你i觉得不合适，他都使你i满足。
> 우리i가 탄 차가 1m정도 더 작아서 네i가 부적합하다고 느낀다 해도 그들은 너i를 만족시킬 거야.
> (61) 他农村的呢，一般就相信咱们售货员i吧。您i给我们挑什么样儿我们就要什么样儿的。
> 그 농촌 사람들은요, 보통 우리 판매원i들을 믿지. 당신i이 우리에게 뭘 골라주면 우린 그냥 그걸 사는 거지.

위의 예문들에 나오는 '你/您'이 각각 지시하는 것은 앞 문장에 나왔던 '우리, 판매원'이다. 다시 말해서 이곳에서 말하는 '你/您'은 모두 청자가 아닌, 1인칭 화자 '나/우리'를 지칭한다는 것이다. 이런 상황에서 '你' 혹은 '您' 중 어느 것을 사용하든 의미상에 차이는 없다. 화자는 '你/您'라는 단어를 사용하여, 청자가 '你/您'라는

---

34) 예문 (60)-(65)는 ≪当代北京口语语料≫에서 인용.

단어를 들을 때 스스로 대입되어 '우리' 중의 한 명이 되도록 한 것이다. 따라서 문장 중에 '你/您'를 사용하여 청자의 시작에서 서술함으로써 공감대를 형성한다고 할 수 있다.

2. '你'가 문장 중의 어느 대상을 가리키는 경우. 다음의 예문을 보자.

(62) 听妹夫这么一说, 我这脸上青一块紫一块的, 心里这个憋气, 心想这小妹也不知中了哪分儿邪了, 你这是丢全家人的脸啊。
매부의 말을 듣고 난 안색이 안 좋아졌다, 너무 답답했다. 여동생은 도대체 무슨 생각을 하는 것인지, 정말 집안 망신이다.

(63) 他恨谁呢？我们的日子不是过得很好吗, 你不能去跟别人比呀, 人比人气死人, 你要知道自己是谁呀。
그가 누굴 원망하는데? 우리는 잘 지내고 있잖아. 너 괜히 다른 사람들하고 비교하면 안 되지, 비교하면 계속 화만 나고… 너 스스로가 어떤 사람인지를 알아야지.

위의 예문 중 '你'는 각각 문장 중의 제3자 '동생', '그'를 지칭한다. 이런 용법은 화자가 자신이 이 제3자와 이야기할 때 사용하는 것이라 상상하고 말하는 것이다. 만약 '동생/그'와 마주하고 있다면 '너'라는 호칭을 써야 하기 때문이다. 이처럼 동일한 문장에서 작가는 시각을 바꾸어 제3자와 대화하듯이 함으로써 독자들이 더욱 쉽게 작가의 생각을 이해하도록 묘사한다.

3. '你/您'에 대응되는 대상이 화자 혹은 문장 앞부분에서 지칭한

어느 대상이 아닌, 임의의 사람을 가리키는 경우. 다음의 예문을
보자.

(64)  另外一个这马路上，过去一下雨所谓这道路泥泞啊，这没法儿
走。
下回雨要像过去现在这雨呀，您一个月也甭想走道，那就老得硷
泥，现在您走哪儿都利落的。
또한 이 길의 경우 예전에는 비가 오면 모두 엉망진창이 되
어서 지나다닐 수가 없었어요. 지금처럼 이 정도로 비가 온
다면 당신은 한 달 정도 이 길을 지나갈 생각도 하지 말아
야 해요. 하지만 지금은 당신이 어디로 간다고 해도 모두 깔
끔하게 지나갈 수 있어요.

(65) 完了你要登,登到那个泰山顶儿上，一看那个四，往四外一看，它
那个好像你就在那个云里头呆着呢。
네가 이 산을 다 오른 다음 태산의 정상에 서서 사방을 둘러
보면마치 네가 구름 속에 있는 느낌일 것이다.


위의 예문에서 '你' 혹은 '您'은 관련 있는 대부분의 사람을 지칭
한다. 당연히 여기에는 화자와 청자가 포함된다. 이러한 상황에서
'你'를 사용하는지, '您'을 사용하는지는 의미상 큰 차이가 없다.
이곳의 '你' 혹은 '您'은 임의의 모두를 가리키며 '사람'을 의미한
다. 하지만 '你' 혹은 '您'은 청자의 시각에서 보는 것이므로 청자
와 더 가까워 질 수 있고 이해를 도우며 공감대를 형성할 수 있다.
 '我', '你/您'의 고정 용법(예 : '你一言, 我一语'<'너 한마디, 나 한마
디'>), 서술 표기로의 용법(예 : '我说, 现在几点了？'<내가 말했잖아, 지금

몇 시야>, '你比如说'<'예를 들어 말하면'>) 등은 인칭 대명사의 조응이
아니므로 이 글에서는 고찰하지 않는다.


# 2. 삼인칭대명사 조응의 의미·화용적 기능

## 2.1. A식대명사의 의미적 기능

A식대명사가 텍스트에서 나타나는 경우는 두 가지가 있다.

첫 번째는 의미 단위 내 선행어와 같은 문장(sentence)에 있다는
것이다. 이러한 경우는 보통 A식대명사가 마침표 등이 아닌 의미
가 아직 끝나지 않음을 표시한 다른 문장 부호 뒤에 나타난다. 이
경우에 A식대명사가 텍스트에 나타나는 의미적 기능은 두 가지로
분석된다.

1) A식대명사의 사용은 앞부분의 '행동' 의미를 뒤 부분의 '원
인' 의미로 바꿈을 표시해 준다. 예문은 다음과 같다.

> (66) <u>太太</u>i见着驴, 精神为之一振, <u>她</u>i就是爱和这种妇人办交涉, 为是
> 磨磨自己的智力。(老舍 ≪牛天赐传≫)
> 마님이 보모(驴라고 비유한다)를 본 후, 정신을 바짝 차렸다.
> 그녀는 이러한 여자와 교류하고 싶다. 자신의 지능을 단련시
> 키기 위해서다.

> (67) 温都太太还是主张母女分着去歇夏, <u>玛力</u>i不干, <u>她</u>i不肯给马家
> 父子作饭。(老舍 ≪二马≫)
> 温都부인은 여전히 따로 휴가를 보내라고 했지만, 玛力은 그

러기를 원하지 않았다. 그녀는 마가 부자에게 밥 해 주는 것
이 싫었기 때문이다.

(68) 马威也劝过他父亲不用带小狗儿出去, 因为他看见好几次：……。
(老舍 ≪二马≫)

마威도 아버지에게 강아지를 데리고 나가지 말라고 권했다.
…… 몇번 봤기 때문이다.

(69) 虎妞i决定教祥子去请收生婆, 她已支持不住。(老舍 ≪骆驼祥子≫)

虎妞는 祥子에게 조산원을 불러달라고 했다. 더 이상 못 버티
기 때문이었다.


(66)에는 하나의 의미 단위 내 선행어 '太太'에 대해 후행 절
(clause)에 3인칭 대명사 조응 '她'를 사용했다. 여기서 꼭 써야 되는
'她'는 A식대명사이다. 대명사 '她'의 앞 부분 말은 '太太'의 어떤
구체적인 행동, 즉 정신을 바짝 차렸다는 것에 대해 서술했다. A식
대명사 '她'가 있는 절부터는 왜 정신을 바짝 차렸는지에 대해 그
원인을 설명하고 있다. A식대명 '她'를 사용함으로써 앞 문장의
'행동' 의미를 '원인' 의미로 바꿔 주고 있다. (67)에서 명사 선행어
'玛力'이 있는 구절은 '玛力'이 원하지 않는다는 것을 서술했고 뒤
에 A식대명사 '她'가 있는 구절은 그 원인을 설명했다. (68), (69)도
마찬가지다.

위와 같이 같은 문장에서 명사 선행어에 대해 A식대명사를 사용
하는 것은 앞 부분의 '행동' 의미를 뒤 부분의 '원인' 의미로 전환
해 준다는 의미적 기능이 있다는 것을 잘 보여준다.

2) A식대명사의 사용은 앞 부분의 어떤 '행동 혹은 상태' 의미를

뒤 부분의 다른 어떤 '행동 혹은 상태' 의미로 바꿈을 표시해 준다.
예문은 다음과 같다.

> (70) <u>牛老者</u>i心里非常难过, 一个作父亲的不常到街上展览儿子去, 作
> 爸爸还有什么意义呢？不该和太太顶嘴, 嘴上舒服便是心上的痛
> 苦, <u>他</u>i决定不再反抗太太, 至少是在嘴头上。(老舍 ≪牛天赐传≫)
> 牛老者는 아주 슬펐다. 부친으로서 항상 아들을 데리고 밖에
> 나가서 남에게 보여 주지 못한다면 아버지가 된 게 무슨 의
> 미가 있는가? 부인과 싸우지 말아야 했는데 마음이 고통스럽
> 다. 그는 더 이상 부인에게 반항하지 않기로 결심했다. 최소
> 한 말다툼은 하지 않기로.

(70) 앞 부분은 명사 선행어 '牛老者'가 어떤 것을 생각하는지에
대해 서술했다. 여기에 서술된 심리적 활동을 심리 상태로도 볼 수
있다. 뒷부분에 그가 어떤 결심을 했다는 또 하나의 심리적 활동
혹은 상태를 서술했다. (70)에서는 두 가지 심리적 활동을 바꾸는
과정을 잘 볼 수 있다. 다음 예문은 아래와 같다.

> (71) <u>祥子</u>i恰好来到了这个小绿洲；在沙漠中走了这么多日子, <u>他</u>i以
> 为这是个奇迹。(老舍 ≪骆驼祥子≫)
> 祥子는 이 작은 오아시스에 도착했다. 사막에서 이렇게 많은
> 시간을 걸었는데 정말 기적이라고 생각했다.

(71) 앞 부분은 명사 선행어 '祥子'가 '오아시스'와 같은 조선생
님의 집에 왔다는 행동을 서술했다. 뒤 부분은 그의 심리적 활동을
서술했다. 여기서도 볼 수 있듯이, A식대명사 '他'를 사용함으로써

다른 하나의 행동을 도출하고 있다.

위와 같이 같은 문장의 명사 선행어에 대해 A식대명사를 사용하는 것은 앞의 행동이나 상태가 뒤의 다른 행동이나 상태로 바뀐다는 것을 표시해 준다. 즉, A식대명사는 한 문장 내 서로 다른 의미의 전환을 표시한 것이다. 다음 예문들을 통해 A식대명사의 의미전환을 다시 한번 확인할 수 있다.

(72) <u>马威i</u>亲热的拉着这个滚热的手腕，<u>他i</u>算是头一眼就爱上李子荣了。(老舍 ≪二马≫)

马威는 친밀하게 그의 뜨거운 팔을 잡고 있었다. 첫 눈에 李子荣가 좋아졌다고 할 수 있었다.

(73) <u>伊牧师i</u>从心里腻烦亚力山大，始终没什么说话，现在<u>他i</u>得着机会，没结没完的祷告；<u>他i</u>准知道亚力山大不愿意，成心叫他多饿一会儿。(老舍 ≪二马≫)

伊목사는 亚力山大를 싫어해서 끝까지 별로 말을 하지 않았다. 이제 기회를 얻어서 길게 기도를 했다. 亚力山大가 꼭 원하지 않는다는 것을 알아서 일부러 좀더 오랫동안 배고프게 많이 기다리게 하려는 마음이었다.

(74) "色！色！色！"<u>祥子i</u>叫骆驼们跪下；对于调动骆驼的口号，<u>他i</u>只晓得"色……"是表示跪下；<u>他i</u>很得意的应用出来，特意叫村人们明白他并非是外行。(老舍 ≪骆驼祥子≫)

"써어, 써어, 써어<의성어>!" 祥子는 낙타를 무릎 꿇게 시켰다. 낙타를 명령하는 말 중 '써어'가 무릎을 꿇으라는 것이라는 것 밖에 몰랐다. 그가 지금 자랑스럽게 낙타에게 명령하는 것은 마을 사람들에게 자신이 문외한이 아니란 것을 보여주기 위해서였다.

위에서 언급된 1)과 2)의 두 가지 상황을 종합해 보면 알 수 있 듯이, 명사 선행어에 대해 A식대명사를 사용하는 것은 한 문장 내 의 의미 전환을 표시한다는 텍스트적 의미 기능이 있다. 이것은 A 식대명사가 텍스트에 나타난 첫 번째 경우이다.

두 번째 경우는 한 의미 단위 내 몇 개의 마침표로 분리된 문장 이 있는데 문장 사이에 A식대명사를 사용하게 된 경우이다. 이러 한 경우에 A식대명사의 사용은 무슨 의미적 기능이 있는지 예문을 통해 살펴보자.

1) 명사 선행어와 A식대명사가 각각 다른 문장에 있는데 명사 선행어가 있는 문장1은 '행동(심리 활동 포함) 혹은 상태' 의미를 서 술하고 A식대명사가 있는 문장2는 '원인'이란 의미를 표시해 준다. 이는 다음 예문을 통해 확인할 수 있다.

> (75) 二哥i越看越爱这个天不怕地不怕的小伙子。他i生在北京, 长在北
> 京, 没见过象十成这样淳朴, 这样干净, 这样豪爽的人。(老舍 ≪正
> 红旗下≫)
> 二哥는 볼수록 아무것도 무서워하지 않는 이 젊은이를 좋아
> 했다. 베이징에서 태어났고 베이징에서 자랐는데 十成처럼
> 이렇게 성실하고 깨끗하고 시원한 사람을 본 적이 없었기 때
> 문이다.
>
> (76) 就是在个这样的杂院里, 虎妞i觉得很得意。她i是唯一的有吃有
> 穿, 不用着急, 而且可以走走逛逛的人。(老舍 ≪骆驼祥子≫)
> 바로 이런 杂院에서 虎妞는 자랑스럽게 느꼈다. 그녀는 먹을
> 것과 입을 것이 있고 조급할 필요 없이 한가롭게 거닐 수 있
> 는 유일한 사람이었기 때문이다.

(77) 祥子i又点了点头。他i不会干别的。(老舍 ≪骆驼祥子≫)

祥子는 다시 고개를 끄덕였다. 다른 일을 못 하기 때문이었다.

(75), (76)에 명사 선행어 '二哥', '虎妞'가 있는 문장은 '二哥', '虎妞'의 어떤 심리 상태를 서술했는데 뒤에 A식대명사 '他'와 '她'가 있는 문장은 그러한 심리 상태가 형성된 원인을 설명했다. (77) 앞 문장은 '祥子'의 어떤 구체적 동작을 서술했고 뒤 문장은 그 원인을 설명했다.

2) 명사 선행어가 있는 문장1은 '행동(심리 활동 포함) 혹은 상태1'을 서술하고 뒤에 A식대명사가 있는 문장2는 '행동(심리 활동 포함) 혹은 상태2'로 바뀐다. 다음의 예문을 보자.

(78) "叫我老李，别先生先生的！"李子荣i笑着说。他i已经把货架子的一部分收拾干净了，也洗了脸，黄脸蛋上光润了许多。(老舍 ≪二马≫)

"저한테 老李라고 불러요, 선생님이라 하지 말고요" 李子荣은 웃으면서 말했다. 그는 이미 신반에 있는 일부 물건을 정리했고 얼굴도 씻었는데 노란 얼굴에 윤기가 돌았다.

(79) 祥子i似乎喜爱雪花，大大方方的在空中飞舞，不像雪粒那么使人别气。他i回头问了声："上哪儿，先生？"(老舍 ≪骆驼祥子≫)

祥子는 눈을 좋아하는 것처럼 보였다. 눈은 하늘에서 춤추는데 싸기눈이 답답하는 것과 다르다. 그는 고개를 돌려 물었다："어디 가세요, 선생님?"

(80) 伊牧师i自然乐意有中国教友到英国来，好叫英国人看看：传教的人们在中国不是光吃饭拿钱不作事。他i回了马先生一封信，叫他们父子千万上英国来。(老舍 ≪二马≫)

伊牧师는 중국인 신도가 영국에 와서 전도사가 중국에서 먹
기만 하고 돈만 받았다는 게 아니란 것을 보여줄 수 있어서
좋았다. 그는 마선생에게 편지 한 통을 써서 반드시 영국에
오라고 했다.

(78)에 명사 선행어 '李子荣'이 있는 문장1은 웃으면서 말한다는
구체적인 행동을 서술했고 A식대명사 '他'가 있는 문장2는 그의
상태를 묘사했다. (79), (80)에 명사 선행어 '祥子', '伊牧师'가 있는
문장1은 심리 상태를 묘사했고 A식대명사 '他'가 있는 문장2는 구
체적인 행동을 서술했다.

3) 명사 선행어가 있는 문장1이 서술한 내용에 대해 A식대명사
가 있는 문장2는 그 내용 중의 일부에 대해 더 자세하게 설명해 준
다. 문장1과 문장2의 내용은 의미적으로 보면 다른데 서로 '서술'
과 '설명'이라고 구별할 수 있다. 다음의 예문을 보자.

(81) <u>女眷们</u>i一致要求在暗中看看"洋老道"是什么样子。<u>她们</u>i不大熟悉
牧师这个称呼，而渺茫地知道它与宗教有关，所以创造了"洋老
道"这一名词。(老舍 《正红旗下》)
여자 권속들은 일제히 '서양 도인'이 어떤 모습인지 몰래 보
려고 했다. 그녀들은 목사란 칭호에 익숙하지 않고 종교와
관련이 있다고 희미하게 알기만 했기 때문에 '서양 도인'이
란 명칭을 만들어 냈다.

(82) <u>祥子</u>i不晓得这个，只当是头一天恰巧赶上宅里这么忙，于是又没
说什么，而自己掏腰包买了几个烧饼。<u>他</u>i爱钱如命，可是为维持
事情，不得不狠了心。(老舍 《骆驼祥子》)
祥子는 이를 몰랐다. 첫 날은 바쁘다는 걸 알아서 아무 말 하

지 않고 자기 돈으로 빵을 몇 개 샀다. 비록 돈을 생명처럼
아꼈지만 일을 유지하기 위해 모질게 마음을 먹어야 했다.

(83) 高妈i的话永远是把事情与感情都揉合起来，显着既夏杂又动人。
她i是三十二三岁的寡妇，干净，爽快，作事麻利又仔细。(老舍
≪骆驼祥子≫)
高妈가 하는 말 일과 감정을 모두 섞어 복잡하면서도 감동적
이었다. 그녀는 서른 두, 세 살 과부인데 일을 할 때도 신속하
고 세심했다.

(81)에 명사 선행어 '女眷们'이 있는 문장1에 '洋老道'란 말이 나
오고 A식대명사 '她们'이 있는 문장2는 왜 그녀들이 '洋老道'라고
부르는지에 대해 설명하고 있다. (82)에 명사 선행어 '祥子'가 있는
문장1은 자기의 돈을 써서 먹는 것을 샀다는 말이 언급되어 있는
데 뒤에 A식대명사 '他'가 있는 문장2는 왜 돈을 아끼는 그가 이렇
게 할 수 있었는지에 대해 설명하고 있다. (83)은 문장1에 주어의
수식어 위치에 명사 선행어 '高妈'가 나왔는데 문장1은 그녀의 말
이 어떤지를 서술했고, A식대명사 '她'가 있는 문장2는 '高妈'란
사람이 어떤 사람인지에 대해 자세하게 설명하고 있다.

위에 서술한 몇 가지 상황을 종합해 보면 알 수 있듯이, A식대명
사는 텍스트의 한 의미 단위 내에서 사용되는데, 의미 단위 내의
한 문장 중 사용될 수도 있고 문장들 사이에 사용될 수도 있다. 따
라서 A식대명사는 한 문장 내의 의미 전환 혹은 문장 사이의 의미
전환을 표시해 준다는 의미적 기능이 있다고 판단된다.

한국어 3인칭 대명사 '그'는 중국어의 A식대명사 '他'에 해당한

다고 하지만, 같은 분량의 한국어 자료와 중국어 자료를 보면, '그'의 수량은 A식대명사 '他'의 1/4에 불과하다.[35] 한국어 글말에 쓰인 '그'는 텍스트적 의미로 보면 중국어 A식대명사 '他'와 같은 의미 기능이 있다고 본다. 즉, 한국어 3인칭 대명사 '그'도 역시 한 의미 단위 내 '의미 전환'이라는 기능이 있다는 것이다. 다음의 예문을 보자.

(84) 혜자는 젖은 손을 문지르며, 발을 굴러 신에 묻은 눈을 털어내고 집안으로 들어왔다. 방과 마루는 한껏 어지러져 있어 발을 내디딜 때마다 벗어던진 잠옷이며 물컵, 걸레, 트랜지스터 라디오 따위가 밟혔다. 당연했다. 일주일 전에 집에 돌아온 이래 그녀는 집안일에 전혀 손을 대지 않았다. 늘 아귀처럼 달려드는 허기로 어쩔 수 없이 밥은 지었으나 설거지는 내팽개쳐 두었다. 욕조에 더운물을 채워 한기가 느껴질 만큼 물이 식을 때까지 몇 시간이고 몸을 담그고 들어앉았고 욕실에서 나온 알몸 그대로 불을 끈 마루에서 서성이기도 했다. 엊그제 그녀는 집 뒤편 마당의 시멘트 갈라진 틈에서 딸아이의 노란 꽃핀을 주워 그것을 들여다보며 하루를 보냈다. (오정희 <순례자의 노래>)

(85) 그를 본 프란체스카는 그에게 뛰어가고 싶은 욕구를 억누르며 차 문 손잡이를 몇 번이고 잡았다 놓으며 갈등한다. 그녀는 아무 잘못도 없는 남편과 아이들을 두고 떠나지 못한다. (이경재 <메디슨 카운티의 다리>)

(86) 북한 아저씨도 있다. 김일성대학 교수로 현재 청화대에 교환교수로 왔는데 중국어가 모자라 회화 시간에만 청강한다. 그는 오른쪽 가슴에 김일성 사진을 달고 다닌다. 수업 중에는

---

35) 자세한 내용은 제2장 1.3.을 참조.

아주 적극적으로 발언하지만 자연스런 회화체가 아니라 늘 문장을 외운 듯한 긴 장광설이다. 발음도 안 좋다. 그도 그럴 것이 북한 학생들은 반드시 둘씩 짝을 지어 다니면서 다른 사람들과 어울리지 않는 것을 원칙으로 한단다. (한비야 ≪중국견문록≫)

안소진(2008)의 분석에 의하면, '그, 그녀'는 3인칭 대명사로서의 기능 외에도 문어체 텍스트 내부의 사건, 행위의 초점 표지로서의 기능도 있다. 표지 역할로서의 '그, 그녀'는 통상적인 3인칭 대명사 기능에 우선한다. 위 (84)~(86)을 보면, '그, 그녀'는 텍스트 내부 의미 전환 시 사용하게 된다. 의미 전환의 표시로서 초점이 되기도 한다.

그런데, 안소진(2008)에 의하면, 한국어의 3인칭 대명사 '그, 그녀'는 구어에서는 쓰이기가 매우 어렵고 문어에서도 3인칭 대명사의 주종은 인칭대명사 '그, 그녀'가 아니라 '이, 그, 저'가 관형사로서 명사, 또는 의존명사와 결합하여 된 복합어이다. 한국어는 명사 선행어를 대명사로 조응하는 현상이 3인칭의 경우 거의 나타나지 않는다고 할 수 있어서 3인칭 대명사의 쓰임이 그만큼 제약되어 있기도 하다. 이 점은 많은 언어의 3인칭 대명사와의 가장 큰 차이점이기도 하다. 이익섭 등(1997 : 236)에 따르면, 한국어 대명사의 활발치 못한 특성이 여기에도 적용되어 선행 명사를 자유롭게 받지 못하는 한계는 있다. 3인칭의 경우 앞 문장의 명사를 대명사로 받아야 하는 규칙이 한국어에는 없다. 가령 어떤 문장에서 선행하는 명사 '어머님'을 '그분'으로 받는 일은 허용되지 않는다. 그리고 옛

날 사진을 놓고 '그분은 우리 어머니셔.'라고 말할 수는 있지만 일
상 대화에서 가까운 사람을 '그분'으로 지칭하는 일은 아주 드물다.

## 2.2. B식대명사의 화용적 기능

A식대명사와 달리, 원래 문장에서 필요하지 않은 상황에서 사용
한 대명사가 B식대명사다. 특히 서구화 영향으로 인해 B식대명사
의 사용은 대폭 증가됐다. 서구화 영향으로 사용하게 된 B식대명사
는 단지 형식적인 주어에 불과하다. 그렇다면 서구화 영향을 받기
전에 문장에 나타난 B식대명사는 어떠한 기능을 갖고 있을까? 이
글은 老舍가 20세기 20년대에 런던과 싱가폴에 있었던 시기에 중
국 국내의 서구화 조류의 영향을 받지 않고 창작한 ≪二马≫과
≪小坡的生日≫ 두 소설을 고찰함으로써 B식대명사는 다음과 같이
텍스트에 화자의 의도를 표시해 줄 수 있다는 화용적 기능을 밝히
고자 한다.

첫째, B식대명사는 강조의 의미를 표시해 주는 기능이 있다. 여
기에는 두 가지 상황이 있다. 하나는 명사 선행어가 있는 문장 뒤
에 바로 B식대명사가 나타나는 것이다. 명사 선행어와 B식대명사
가 있는 문장은 보통 이어서 하는 동작인데 두 번째 동작을 강조하
기 위해 주어 위치에 영조응을 사용하지 않고 B식대명사를 사용하
게 된다. 다음 예문을 보자.

(87) 小坡i看见路上停着辆电车, 他i站住了, 问："我们坐车去吧？"

(老舍 ≪小坡的生日≫)

小坡는 거리에 전차가 서 있는 것을 보고 멈춰서 물었다 :
"우리 차 타고 갈까?")

(88) 华盛顿i拿玛力与凯萨林一比较, 他i决定和凯萨林一块住了。(老
舍 ≪二马≫)

华盛顿는 玛力과 凯萨林를 서로 비교해 본 후 凯萨林과 같이
살겠다는 결심을 했다.

(89) 伊牧师i到十一点多钟才来, 他i没见温都太太, 在街门口问马威 :
"你父亲呢？出去不出去？"(老舍 ≪二马≫)

伊목사는 11시가 넘어서야 왔는데 温都부인이 보이지 않자 길거
리 쪽 대문에서 马威에게 물었다 : "너의 아버지는? 나가셨니?"

　(87)을 보면 명사 선행어 '小坡'가 나타난 후 바로 뒤 구절에 대
명사 조응 '他'가 사용되었다. 두 구절은 이어서 하는 두 개의 동작
을 서술하는데 뒷구절에서 영조응을 사용할 수 있지만 두 번째 동
작을 강조하기 위해 대명사 '他'를 사용했다. 만약 뒤 구절에 영조
응이 사용되면 '站住了'란 동작은 일련의 동작 중의 하나로 특별한
주의를 끌지 못한다. 그런데 대명사 '他'를 사용한나면 독사로 하
여금 이 동작에 일정한 주의를 기울이게 한다. 그러므로 영조응으
로 대체 가능한 이러한 B식대명사 '他'의 사용은 화자가 이를 강조
하고 독자의 주의를 끌고 싶어 한다는 표시 의도를 전달할 수 있
다. (88), (89)도 마찬가지다.

　다른 하나는 반전 의미를 표시하는 접속사 뒤에 B식대명사가 나
타나는 것이다. 접속사 앞과 뒤의 내용은 의미상 반대되거나 반전
되는데 그 뒤 부분의 의미를 강조하기 위해 영조응을 사용하지 않

고 B식대명사를 사용한다. 다음 예문을 보자.

> (90) 李子荣i事前早有耳闻, 但是他i不敢对马威说。(老舍 ≪二马≫)
> 李子荣은 사전에 이미 들었는데 마威에게 알려주지 못했다.
>
> (91) 小坡i天天上学, 从那里过, 但是他i总以为那是个大礼拜堂。(老舍 ≪小坡的生日≫)
> 小坡는 날마다 학교에 갔는데 거기가 큰 교회인 줄 알았다.
>
> (92) 伊牧师i顺着牛津大街往东走, 虽然六十多了, 他i走得还是飞快。(老舍 ≪二马≫)
> 伊목사는 옥스포드 거리에서 동쪽으로 갔다. 그는 예순 살이 넘었지만 여전히 빨리 걸었다.

(90)~(92)을 보면, 반전 의미를 표시한 접속사 '但是', 혹은 '虽然 … 还是'가 있는데 앞과 뒤의 내용을 긴밀하게 연결해 주고 있다. 접속사 뒤에 영조응을 사용하는 현상도 종종 보인다. 이 예문에서는 접속사 뒤에 영조응을 사용하지 않고 대명사 '他'를 사용했다. 徐赳赳(1990)의 조사에 의하면, 반전 의미를 표시한 접속사 뒤에 대명사 조응의 사용 비율은 62.7%, 명사반복 조응은 25.4%에 달하는 반면, 영조응의 사용은 11.9%에 불과하다. 徐赳赳(1990)의 연구 결과는 다음의 표와 같다.

| 连词<br>접속사 | 总数<br>합계 | Pro(代词照应)<br>대명사 조응 | N(名词照应)<br>명사반복 조응 | ∅(零照应)<br>영조응 |
|---|---|---|---|---|
| 但是(但) | 30 | 22 | 2 | 6 |
| 可是 | 17 | 8 | 8 | 1 |
| 然而 | 12 | 7 | 5 | — |

Li & Thompson(1979)의 실험을 보면, 76%의 피험자가 이런 접속
사 뒤에 대명사를 사용한다는 결과를 볼 수 있다. 두 연구에 따르
면 접속사 뒤에서 대명사 조응의 사용 비율이 비슷하게 높은 것으
로 나타났다. 사람들이 반전 의미를 표시한 접속사 뒤에서 대명사
조응의 사용을 더 선호하는 이유는 접속사 뒤의 내용을 강조하고
독자나 청자의 주의를 끌고 싶어한다는 화자의 표시 의도에서 찾
을 수 있다.

또 하나는 연속되는 두 구절에 대명사가 연속으로 나타나는 상
황이다. 이런 경우에 첫 번째 대명사는 보통 꼭 써야 되는 A식대명
사인데 두 번째 대명사는 사용하지 않아도 되지만 강조하기 위해
사용하게 된다. 이렇게 함으로써 두 개의 구절은 병렬로 열거되어
뒷구절의 의미도 강조된다. 다음의 예문을 보자.

(93) (马威i……。)他i1早把世界忘了，他i2恨不得世界和他自己一齐消灭
了，立刻消灭了，何苦再看呢！(老舍 ≪二马≫)
马威……. 그는 이미 세계를 잊었다. 그는 차라리 세계와 자
신이 같이 소멸하여 다시 볼 필요가 없기를 바랐다.

(94) (一个英国人i……。)他i1不但自己要骄傲，他i2也要别的民族承
认他们自己确乎是比英国人低下多少多少倍。(老舍 ≪二马≫)
한 영국인……. 그는 자랑하고 싶었을 뿐만 아니라 다른 민
족이 확실히 영국인보다 몇 배 더 못하다는 것을 인정하게
하고 싶었다.

(95) (马老先生i……。)他i1不明白为什么马威反打起精神作买卖，他
i2总以为李子荣给马威上了催眠术；心中担忧儿子生命的安全，
同时非常恨李子荣。(老舍 ≪二马≫)

马老先生……. 그는 왜 马威가 정신을 차려서 거래 했는지를
이해하지 못했다. 그는 항상 李子荣이 马威에게 최면술을 걸
었다고 생각했다. 그래서 마음 속으로 아들의 생명을 걱정하
는 동시에 李子荣을 아주 미워했다.

　(93)을 보면, 명사 선행어 '马威'는 한 의미 단위의 시작 부분에
나타났다. 그리고, 의미 단위 내 하위 의미가 전환될 때 A식대명사
'他1'이 사용됐다. 이어서 뒷구절에 또 하나의 대명사 '他2'가 사용
되었다. 여기서 대명사 '他2'를 사용하지 않고 영조응을 사용해도
되지만 작가는 그렇게 하지 않고 대명사를 사용했다. 그러므로 대
명사 '他2'는 B식대명사에 속한다. '他1'과 '他2'가 있는 두 구절의
의미를 보면, 뒷구절의 의미가 앞 구절의 의미보다 한 층 더 강렬
하다. 만약 '他2' 대신 영조응이 사용되면 독자는 뒷구절은 단지
앞 구절의 내용을 보충하는 것으로 여기고 특별한 주의를 기울이
지 않을 것이다. 반면, B식대명사 '他2'를 사용하게 되면 두 개의
구절은 열거 구조를 형성하여 뒷구절은 상대적으로 독립되어 독자에
게 일정한 주의를 준다. 이런 식으로 작가가 뒷구절의 내용을 강조하
려는 표시 의도도 잘 전달할 수 있다. (94), (95)도 마찬가지이다.
　두 번째는 한 의미 단위 내 명사 선행어가 나타난 후 계속 영조
응을 사용했는데 명사 선행어와의 거리가 너무 먼 곳에 선행어가
지칭한 대상을 다시 독자의 기억에서 환기시키기 위해 B식대명사
를 사용하게 된다. 이렇게 사용된 B식대명사는 마치 징검다리처럼
독자로 하여금 앞으로 계속 쉽게 나아갈 수 있게 한다. 다시 말하

면, B식대명사의 사용은 기억을 환기시키는 기능이 있다. 다음 예
문을 보자.

> (96) 印度不肯那么办, 小坡i就坐在门口扯着脖子喊, 一直的把庶务员
> 和住校的先生们全嚷出来。先生们j把门打开,　他i1便箭头似的
> 跑到讲堂, 从石板底下掏出他的宝贝。匆忙着落了两点泪, 把石
> 板也摔在地上, 然后三步两步跑出来, 就手儿踢了老印度一脚；
> 一气儿跑回家, 把宝贝围在腰间, 过了一会儿, 他i2告诉妹妹, 他
> i3很后悔踢了老印度一脚。(老舍 ≪小坡的生日≫)
> 그 인도사람(경비실 수위)이 그렇게 하고 싶지 않았는데, 小坡
> 는 대문 앞에 앉아서 서무원과 학교에서 사는 선생님들이 다
> 나올 때까지 큰 소리로 외쳤다. 선생님들이 문을 열자 그는
> 화살같이 강당으로 뛰어가서 돌판 밑에서 보물을 꺼냈다. 황
> 급히 눈물 몇 방울을 떨어뜨리고 돌판도 바닥에 던져버린 다
> 음에 빨리 뛰어나왔다. 나오면서 늙은 인도인 수위를 발로 한
> 번 찼다. 그리고, 단숨에 집으로 뛰어 돌아와서 보물을 허리
> 에 맸다. 잠시 후 인도인 수위를 발로 찬 것을 너무 후회한다
> 고 여동생에게 말했다.

(96)을 보면, 명사 선행어 '小坡'가 나타난 후 뒤 문장에 또 하나
의 명사 선행어 '先生们'이 출현해서 경쟁적인 선행어가 되었다.
만약 '他i1'을 사용하지 않고 영조응을 사용한다면 오해가 생기게
된다. 그래서 오해가 생기지 않도록 잘 이어가기 위해 뒤에서 대명
사 조응 '他1'을 사용해서 선행어 '小坡'를 조응했다. 여기서 '他1'
은 꼭 사용해야 되는 A식대명사이다. 그 후의 문장은 '他'의 일련
의 동작을 서술했는데 영조응 7개를 연이어 사용했다. 그 다음에도

영조응을 계속 사용할 수 있는데 대명사 조응 '他2'를 다시 사용했다. 이것은 단지 독자로 하여금 쉽게 이해하기 위해 쓴 B식대명사다. '他3'을 쓰게 된 것은 그가 말한 내용이기 때문에 주어인 '他3'이 A식대명사다.

(97) 马先生i还是远了雇汽车, 近了慢慢走, 反正不坐公众汽车和电车; <u>好, 一下儿出险, 死在伦敦, 说着玩儿的呢！近来连汽车也不常雇了：街上是乱的, 无论如何, 坐车是不保险的！况且, 在北京的时候, 坐上汽车, 巡警把人马全挡住, 专叫汽车飞过去, 多么出风头, 带官派！这里, 在伦敦, 大巡警把手一伸, 车全站住, 连国务总理的车都得站住, 鬼子吗, 不懂得尊卑上下！</u>端着两盆菊秧, 小胡子嘴撅撅着一点, 他i在人群里挤开了。<u>他妈的, 那里都这么些个人！简直的走不开：一个个的都走得那么快, 撞丧呢！英国人不会有起色, 一点稳重气儿都没有！</u>到了铺子, 耳朵里还是嗡嗡的响；老是这么响, 一天到晚是这么响！<u>但愿上帝开恩, 叫咱回家吧, 受不了这份乱！</u>定了定神, 把两盆菊秧子摆在窗子前面, 捻着小胡子看了半天。(老舍《二马》)
马先生은 거리가 먼 경우에는 택시를 부르고, 가까운 경우에는 걷는 것을 택했다. 어쨌든 버스나 전차는 타지 않았다. 헉, 만약 위험하게 런던에서 죽게 되면, 이것이 농담이 아니다! 요즘은 택시도 거의 부르지 않았다. 왜냐하면 거리도 엉망이니, 어찌되었든 차를 타는 건 위험이 따르는 일이야! 하물며 베이징에서는 자동차를 타면 순경이 사람들을 막고 자동차를 지나가게 해주는데 얼마나 영광스러운 일인데, 여기 런던에선 순경이 손을 들면 자동차들이, 심지어 국무총리의 차까지 모두 멈추니, 웃기지도 않아, 귀천도 모르는 것들! 국화 화분 두 개를 들고 구렛나루 빳빳한 채로 사람들 틈에서 밀려나왔다.

이런, 어딜 가도 이렇게나 사람이 많다니! 완전히 걸을 수도 없다. 다들이 왜 이렇게 빨리 가나, 장례식장에 가나? 영국인들은 나아질 기미가 안보여, 안정감이라곤 없구먼! 가게에 도착하니 귀가 여전히 웅웅 거렸다. 매일 이렇게 아침부터 밤까지 웅웅거리는지! 하느님, 제발 우리를 집으로 돌려보내 주세요 너무 정신 없어서 안되겠어요! 정신을 차리고 두 개의 국화 화분을 창가 앞에 높은 채 구렛나루를 만지작거리며 한참 지켜보았다.

(97)은 명사 선행어 '马先生'의 일련의 행동과 생각을 서술한 하나의 의미 단위인데 그 중간에 대명사 조응 '他'를 한 번 썼다. 예문에 표시한 것과 같이 생각의 내용 부분에 밑줄을 표시해 놓았다. 예문에서 볼 수 있듯이, 이 의미 단위는 매우 길며 구체적인 동작과 생각도 번갈아 섞여 있다. 게다가, 생각을 서술한 부분도 문장 기호 등 표기가 없기 때문에 독자가 이해할 때 조금 어려울 수도 있다. 명사 선행어 '马先生'과 거리가 먼 곳, 그리고 의미 단위의 중간쯤의 위치에 대명사 조응을 하나 써놓으면 독자의 기억을 환기시키고 더 쉽게 이해할 수 있다.

위에서는 문어체 텍스트에 나타난 B식대명사가 어떤 화용적 기능을 가지고 있는지에 대해 고찰하였다. 회화체 텍스트를 보면 B식대명사는 시각 전환이란 화용적 기능도 있다. 다음의 예문을 보자.

(98) "老金i, 你以后成了咱们的领导, 咱们先说好, 你可别在咱们这些兄弟面前摆牛 ; 你啥时摆牛, 咱啥时给你顶回去! "其他几个人说 : "对, 对, 给他顶回去! 到咱们县上, 给他吃'四菜 一汤!'"

金全礼i说：“鸡巴一个副专员,牛还能牛到哪里去?到县上不让吃
饭,他i照样得下馆子!”(刘震云 ≪官场≫)
“老金, 넌 앞으로 우리의 리더가 되니 넌 우리 같은 형제들
앞에서 교만하지 마, 네가 그렇게 하면 우리가 바로 반발할
거다.”
다른 몇 사람들도 말했다：“그래, 그래, 반발한다. 우리 지역
에 올 땐 간단한 ‘반찬 네 개 국 하나’를 줄 거다.”
金全礼가 말했다：“단지 하나의 작은 부 전무원인데 교만해
봤자 얼마나 교만 할 수 있겠어? 갈 때 밥을 안 준다면 여전
히 식당에 가서 먹어야지.”

  (98)에서 ‘金全礼’가 자신을 지칭할 때 1인칭 대명사 ‘我’ 대신 3
인칭 대명사 ‘他’를 사용했다. 이는 타인의 시각에서 타인이 자신
을 지칭하는 것처럼 하면 청자와 같은 입장을 보여주고 청자를 더
쉽게 설득할 수 있다는 화용적 기능이 있다. 이러한 시각 전환의
용법은 주로 회화체에서 많이 쓰인다.


## 3. 소결

  이 장에서는 중국어 인칭대명사 조응에 대해 주로 2인칭 대명사
조응과 3인칭 대명사 조응을 고찰했다.
  2인칭 대명사는 보통 회화에 가장 많이 쓰이므로 단수 형식 ‘你’
와 존칭 형식 ‘您’을 중심으로 사회언어학적 시각에서 회화 중 어
떤 화용적 기능이 나타나는지에 대해 본 장에서 분석했다.

　회화에서 대화 발생의 배경이나 대화 시 화자와 청자가 처하는 환경, 대화 진행 당시의 상황 등 여러 요소의 영향이 있는데 '你'와 '您'의 선택 사용은 화자의 여러 가지 의도를 표시할 수 있다. 예를 들면, '권세'가 높은 사람이 상대방에게 특수한 경의를 보여주거나 높이 평가하기 위해 본래의 '你'을 사용하지 않고 '您'을 사용한다. 아니면 '권세'가 높은 화자가 청자를 조롱하고 비웃는다는 것을 보여주기 위해 '你'를 써야 할 자리에서 '您'을 사용한다. 혹은, '권세'가 낮은 화자가 청자에게 멸시를 나타내고자 할 경우 원래 '您'을 써야 하지만 '你'를 사용할 수도 있다. 또는, 원래 '你'를 사용해서 친근하고 편한 느낌을 보여주어야 하나 화자가 냉담하고 소원한 감정을 표현하려 한다면 '您'을 사용한다. 이처럼 회화 중 '你'와 '您'의 선택 사용은 화자의 의도를 표시해 준다는 화용적 기능이 있다.

　이 밖에, 2인칭 대명사는 시각 전환이란 용법이 있다. 2인칭이 청자를 지칭하지 않고 화자 혹은 임의의 다른 인물을 지칭하기도 하며, 수 또한 변화하기도 한다. 회화 중 1인칭 화자를 2인칭 '你' 혹은 '您'으로 지칭한다면 청자가 '你/您'라는 단어를 들을 때 스스로 대입되어 공감대를 형성한다고 할 수 있다.

　3인칭 대명사는 문어체나 회화체 모두에 많이 쓰이는데 본 장에서는 주로 문어체 텍스트에 사용된 단수 '他'의 의미적 기능을 분석했다.

　3인칭 대명사 '他'는 서구화 때문에 대폭 증가되었다. 이 때문에 3인칭 대명사 '他'는 두 가지로 구별해야 된다. 하나는 원래 문장

에 필수적으로 사용해야 되는 것인데 이를 'A식대명사'로 명명한
다. 다른 하나는 문장에 안 써도 되는데 서구화 영향 때문에 더 많
이 쓰게 된 대명사인데 이를 'B식대명사'로 명명한다. A식대명사
'他'는 텍스트에 꼭 써야 되기 때문에 본 장에서는 의미적 기능을
분석했다. B식대명사 '他'는 사용하지 않아도 되지만 사용한 것이
므로 어떠한 화용적 기능을 표시할 수 있는지에 대해 고찰했다.

A식대명사 '他'는 텍스트에 한 의미 단위 내에서 사용되는데, 의
미 단위 내의 한 문장 중 사용될 수도 있고 문장들 사이에서 사용
될 수도 있다. 따라서 A식대명사는 한 문장 내의 의미 전환 혹은
문장 사이의 의미 전환을 표시해 준다는 의미적 기능이 있다. 즉,
의미 단위 내 몇 가지 하위 의미가 있다면 하위 의미가 전환될 때
A식대명사 '他'를 사용한다.

B식대명사 '他'에 대해 서구화 영향을 받기 전에 문어체 텍스트
에 나타난 3인칭 대명사를 고찰했다. 그 결과 B식대명사는 텍스트
에서 화자의 강조나 혹은 독자의 기억을 환기 시키려는 의도를 표
시해 줄 수 있다는 화용적 기능이 있다. 회화체 텍스트에 사용된 B
식대명사 '他'는 주로 시각 전환이란 화용적 기능이 있다.

제5장
영조응

# 1. 영조응의 의미적 기능

## 1.1. 연결 표시

이 글에서 이미 언급했듯이, 화자가 자기의 인지와 논리 판단에 의해 의미 단위를 정한다. 의미 단위는 명사 형식을 시작으로 하여 마침표 뒤에 다시 나타난 같은 명사 형식으로 끝난다. 명사 형식(A식)은 의미 단위의 표시로 비연속성이란 의미적 기능이 여기에 나타난다. 의미 단위 내 몇 개의 하위 의미가 존재할 때는 대명사 조응 형식을 사용해서 하위 의미를 구별한다. 이렇게 쓰인 대명사(A식) 조응 형식은 의미 전환의 표시란 의미적 기능이 있다. 따라서 영조응 형식의 사용은 두 가지 상황에서 관찰할 수 있다.

첫째는 한 의미 단위 내 하위 의미가 없는 경우에 명사 선행어에 대해 영조응을 사용한다. 화자는 영조응만을 계속 사용함으로써 각 문장들이 의미상 분리할 수 없는 하나의 단위라는 것을 표시한다. 다음의 예문을 보자.

(99) 温都姑娘i先去洗了手, a øi又照着镜子, b øi歪着脸, c øi用粉扑儿掸了粉。d øi左照照, e øi右照照, f øi直到把脸上的粉匀得一星星缺点没有了, g øi才去把信封信纸钢笔墨水都拿来。h øi把小茶几推到紧靠窗户；i øi坐下；j øi先把衣裳的褶儿拉好；k øi然后把钢笔插在墨水瓶儿里。窗外卖苹果的吆喝了一声, l øi搁下笔, m øi掀开窗帘看了看。n øi又拿起笔来, o øi歪着脖, p øi先在吃墨纸上画了几个小苹果, q øi然后又用中指轻轻的弹笔管儿，一滴一滴的墨水慢慢的把画的小苹果都阴过去；r øi又把笔插在墨水瓶儿里；s øi低着头看自己的胖手；t øi掏出小刀修了修指甲；u øi把小刀儿放在吃墨纸上；v øi又觉得不好, w øi把刀子拿起来, x øi吹了吹, y øi放在信封旁边。z øi又拿起笔来, a´øi又在吃墨纸上弹了几个墨点儿；b´øi有几个墨点弹得不十分圆, c´øi都慢慢的用笔尖描好。d´øi描完了圆点, e´øi站起来了："妈，你写吧！我去给拿破仑洗个澡，好不好？"(老舍 ≪二马≫)
温都姑娘은 우선 손을 씻는다. 다시 거울을 비춰보고, 얼굴을 일그러뜨리면서, 분첩으로 분을 털어낸다. 왼쪽을 비춰보고, 오른쪽을 비춰보고, 얼굴에 분을 골고루 바를 때까지 비춰본다. 그러고 나서야 편지지, 만년필, 잉크를 가져온다. 작은 찻상을 창가로 바짝 밀고 앉는다. 먼저 옷 주름을 잘 편다. 그런 다음 만년필을 잉크병에 넣는다. 창밖에서는 사과를 파는 상인의 목소리가 들린다. 만년필을 잠깐 놓는다. 커튼을 열고 살짝 쳐다본다. 다시 만년필을 든다. 목을 옆으로 가누고, 우선 압지에 작은 사과 몇 개를 그린다. 그 다음에 중지로 가볍게 붓대를 튕겨서 한 방울 한 방울 먹물을 천천히 작은 사과

그림에 흐리게 처리한다. 다시 만년필을 잉크병에 놓는다. 고
개를 숙여 자신의 통통한 손을 쳐다본다. 작은 칼을 꺼내 손
톱을 다듬는다. 작은 칼을 압지 위에 놓는다. 마음에 들지 않
자, 칼을 든다. 입으로 바람을 훅 불고, 편지 옆에 놓는다. 다
시 만년필을 든다. 다시 압지 위에 먹물 방울을 튕긴다. 몇몇
방울은 동그란 모양이 아니다. 천천히 붓으로 그린다. 원을
그린 후, 자리에서 일어난다. "어머니께서 그려보세요! 나폴
레옹을 씻겨도 될까요?"

(99)는 마침표로 구별된 7개의 문장이 포함되어 있다. 이 7개의
문장들은 의미 상 '溫都姑娘'이 연속적으로 행한 일련의 행동을 서
술했다. 명사 선행어 '溫都姑娘'은 의미 단위의 시작 부분에 출현
하고 후행글 a~e´ 모두 31개의 영조응 형식이 사용된다. 이 7개의
문장들은 작가가 하나의 의미 단위로 처리하였다. 명사 선행어 '溫
都姑娘'에 대해 영조응을 계속 사용하는 것은 한 의미 단위가 아직
끝나지 않았다는 것을 나타낼 뿐만 아니라 이 의미 단위 내 하위
의미도 없다는 것을 표시해 준다. 영조응을 사용함으로써 후행글이
앞에 있는 글과 붙게 된다. 그러므로 영조응 형식은 접합제와 같은
기능을 가지고 있는데 몇 개의 문장들을 분리하지 않고 한 뭉치로
형성시킨다. (99)는 31개의 영조응을 사용함으로써 모든 문장들을
접합시켜 한 의미 단위가 결성된다. 이것을 도표로 표시하면 다음
<표 12>와 같다.

〈표 12〉 영조응의 연결 기능

(명사선행어i → øi → øi → øi ······)
한 뭉치로 결합된 의미 단위

다른 몇 개의 예문을 보자.

(100) <u>马威i</u>近来常拿着本书到瑞贞公园去。øi找个清静没人的地方一坐，øi把书打开——不一定念。øi有时候试着念几行，øi皱着眉头，øi咬着大拇指头，øi翻过来掉过去的念；øi念得眼睛都有点起金花儿了，øi不知道念的是什么。øi把书放在草地上，øi狠狠的在脑勺上打自己两拳："你干什么来的？不是为念书吗！"øi恨自己也没用，øi打也白饶；反正书上的字不往心里去！(老舍 ≪二马≫)

마웨이는 최근 종종 책을 들고 루이정 공원으로 간다. 사람이 없는 조용한 곳에 앉아 책을 편다——반드시 읽는 것은 아니다. 때로는 몇 줄을 읽어보려 하다 미간을 찌푸리고 엄지 손가락을 깨물며 반복하여 읽는다. 책을 읽다 눈이 침침해질 때쯤이 되면 도대체 무엇을 읽고 있는지도 알 수가 없다. 책을 잔디밭에 놓고 손으로 머리를 쥐어박는다. "넌 여기에 뭘 하러 온 거야? 책 읽으러 온 거 아니야!" 스스로를 원망해보고, 때려봐도 소용이 없다. 어찌해도 책의 글자가 머리 속으로 들어가지 않는다!

(101) <u>马老先生i</u>虽然在海上已经睡了四十天的觉，øi还是非常的疲倦。øi躺在床上还觉得床铺一上一下的动，øi也好像还听得见海水沙沙的响。øi夜里醒了好几次，øi睁开眼，屋子里漆黑，øi迷迷糊

糊的忘了自己到底是在哪儿呢。(老舍 ≪二马≫)
马老先生는 비록 바다에서 40일간 잠을 잤음에도 여전히 너무나도 피곤했다. 침대에 누워 있어도 침대가 아래위로 계속 움직이는 느낌이었으며, 바닷물 소리가 계속하여 들리는 듯했다. 밤마다 몇 번을 깨었는데 눈을 뜨면 방은 칠흑처럼 어두웠고, 도대체 자기가 어디에 있는지를 판단하기 어려울 정도였다.

(102) 天赐i用小眼看了看铜盘, øi刚一伸手又放回去, øi把大拇指放在口中, øi好像是要想一想看。屋中的空气十分的紧张。øi拔出手指, øi放在鼻前端详了一番, øi觉得右手拇指不高明, øi把左手的换上来咂着。øi咂着似乎不大过瘾, øi把食指探到小白牙的后面去掏, 仿佛øi刚吃了什么塞牙的东西。(老舍 ≪牛天赐传≫)
天赐은 작은 눈으로 동으로 만든 쟁반을 봤다. 손을 움직이고 손가락을 빨기도 하는 것이 생각에 잠긴 듯 했다. 방 안의 분위기는 매우 긴장감이 감돌았다. 그는 손가락을 뽑고 코앞에서 자세하게 봤다. 오른손 엄지 손가락이 마땅하지 않은 것 같아서 왼손 엄지 손가락으로 바꿔서 빨았다. 빠는 것이 재미없었는지 식지로 입 속 깊숙이 집어 넣어 이빨 새를 팠는데 마치 이빨에 끼는 무언가를 막 먹은 듯 했다.

위에서 예로 든 (100)은 명사 선행어 '马威'가 고민이 있어서 책을 잘 못 읽는 것에 대한 일련의 동작을 서술했는데 마침표로 표시된 문장 5개가 포함되어 있다. (101)은 명사 선행어 '马老先生'이 영국에 온 첫 밤에 아주 피곤해서 한 동작과 느낀 것에 대해 서술했다. 마침표로 분리된 문장은 3개가 포함되어 있다. (102)는 명사 선행어 '天赐'가 돌잡이 때 한 일련의 동작에 대해 서술했는데 모두 4개의 문장이 포함되어 있다. (100)~(102)는 각각 많은 문장들이 포함되어 있지만 하나의 의미 단위다. 이 의미 단위 내 명사 선행어에 대해 후행글에서 계속 영조응만 사용했다. 영조응 형식은 선행글의 의미가 아직 완료되지 않고 후행글에 이어서 의미를 서술한다는 것을 표시한다. 영조응 형식의 사용은 앞과 뒤 문장을 긴밀하게 결합시켜 주는 기능이 보인다.

A식명사는 비연속성 특징이 있고 서로 다른 의미 단위를 분리해 주는 표시다. A식대명사는 의미 단위 내 하위 의미가 전환될 때 쓰게 됨으로써 하위 의미를 분리해 주는 표시가 된다. A식명사와 A식대명사와 달리, 영조응 형식은 문장들이 하나의 뭉치로 분리할 수 없다는 것을 표시해 준다. 그러므로 A식명사와 A식대명사가 분리의 표시라면, 영조응 형식은 연결의 표시라고 할 수 있다. 즉, 영조응 형식은 접합제 같이 문장들을 결합시켜서 하나의 의미 단위로 결성시키는 기능이 있다.

둘째는 한 의미 단위 내 하위 의미 뭉치(意义块)가 있는 경우에 영조응 형식은 하위 의미 뭉치 내에 사용한다. 다음 예문을 보자.

(103) 温都太太i慌忙着收拾打扮：øi把头发从新梳了一回，øi脸上也擦上点粉， øi把最心爱的那件有狐皮领子的青绉子袄穿上。øi预备迎接客人。她i虽然由心里看不起中国人， 可是øi既然答应了租给他们房子，øi就得当一回正经事儿做。(老舍 ≪二马≫)
温都부인은 급하게 차렸다 : 머리를 다시 한번 빗었고, 얼굴에도 파우더를 좀 발랐고, 가장 아끼는 여우 가죽 칼라가 있는 청색 외투를 입은 다음 손님 맞을 준비를 했다. 그녀는 비록 마음속으로 중국인을 멸시했지만, 그들에게 방을 빌려 주겠다고 약속했으니까 하나의 정당한 일로 잘 해야 된다고 생각했다.

(103)을 보면 의미 단위 내 A식대명사 '她'로 두 개의 하위 의미 뭉치가 분리되었다. 앞의 하위 의미 뭉치는 명사 선행어 '溫都太太'가 출현한 후 계속 영조응 형식을 사용했다. 뒤의 하위 의미 뭉치는 A식대명사 '她'가 출현한 후 이어서 영조응을 사용했다. 영조응 형식은 문장들을 접합해서 각 하위 의미 뭉치를 결성시킨다. (103)와 같이 영조응을 사용함으로써 몇 개의 하위 의미 뭉치를 결성시키고 이들 하위 의미 뭉치가 다시 하나의 의미 단위로 형성된다. 이것을 도표로 표시하면 다음 <표 13>과 같다.

〈표 13〉 영조응의 연결 기능

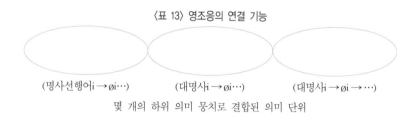

(명사선행어i → øi…)　　　(대명사i → øi…)　　　(대명사i → øi → …)

몇 개의 하위 의미 뭉치로 결합된 의미 단위

몇 개의 예문을 더 보자.

(104)　伊牧师i自然乐意有中国教友到英国来, øi好叫英国人看看：教会的人们在中国不是光吃饭拿钱不作事。他i回了马先生一封信, øi叫他们父子千万上英国来。(老舍 ≪二马≫)
　　　伊牧师는 중국인 신도가 영국에 와서 전도사가 중국에서 먹기만 하고 돈만 받았다는 게 아니란 것을 보여줄 수 있어서 좋았다. 그가 마선생에게 편지 한 통을 써서 반드시 영국에 오라고 했다.

(105) <u>祥子i</u>穿着由天桥买来的新衣, øi红着脸, øi戴着三角钱一顶的缎
　　小帽。<u>他i</u>仿佛忘了自己, 而傻傻忽忽的看着一切, 听着一切,øi
　　连自己好似也不认识了。(老舍 ≪骆驼祥子≫)
　　祥子는 天桥에서 사온 새 옷을 입고, 빨간 얼굴에 삼角의 돈
　　으로 산 실크 모자를 썼다. 그는 자신조차도 모르는 것 같았다.

(106) <u>祥子i</u>不晓得这个, øi只当是头一天恰巧赶上宅里这么忙, øi于是
　　又没说什么, 而自己掏腰包买了几个烧饼。<u>他i</u>爱钱如命, 可是
　　为维持事情, øi不得不狠了心。(老舍 ≪骆驼祥子≫)
　　祥子는 이것을 몰랐다. 첫 날은 바쁘다는 걸 알아서 아무 말
　　하지 않고 자기 돈으로 빵을 몇 개 샀다. 비록 돈을 생명처럼
　　아꼈지만 일을 유지하기 위해 모질게 마음을 먹어야 했다.

　　(104)은 한 의미 단위 내 2개의 하위 의미 뭉치가 포함된다. 앞
부분은 명사 선행어 '伊牧师'가 왜 중국인 신도가 영국에 오는 것
을 좋아하는지에 대해 서술했다. 뒤 부분은 그가 편지를 썼다는 구
체적인 행동을 서술했다. 이렇게 2개의 하위 의미 뭉치가 A식대명
사 '他'로 분리됐다. (105)에 앞 하위 의미 뭉치는 '祥子'가 어떤 옷
차림인지에 대해 서술했고 뒤 하위 의미 뭉치는 그가 어떤 정신적
상태에 처한 지에 대해 서술했다. 2개의 하위 의미 뭉치는 A식대
명사 '他'로 분리됐다. (106)도 마찬가지다.

　　(104)~(106)에 각 하위 의미 뭉치에는 영조응 형식이 사용되었
다. 영조응의 사용은 각 하위 의미 뭉치의 문장들을 연결해서 각
하위 의미 뭉치로 결성해 준다.

　　종합해 보면, 영조응 형식은 A식명사 및 A식대명사와 비하면 접
합제와 같은 결합시키는 기능이 있다. 영조응 형식은 문장들을 연

결해서 하나의 의미 단위를 결성시키거나 의미 단위 내 몇 개의 하위 의미 뭉치를 결성시킨다. 즉, 영조응 형식은 의미적으로 보면 연결 기능이 있고 문장 간의 연결 표시로 볼 수 있다.

## 1.2. 계층 표시

의미 단위 내의 문장들은 선형(线型)구조로 수평적인 방향으로 이루어진다는 것이 많이 보인다. 이러한 문장들은 모두 하나의 의미 계층에 놓여있으며 의미 관계가 비교적 분명하다. 의미 단위 내의 문장들은 내포(内包)구조로 불리는 의미 구조 형식도 있다. 아래의 그림에서 보듯이 하위 층에 있는 c, d, e 세 문장은 b문장 안에 속하는 구성 요소이며, b문장의 내포구조이다. 이 내포구조 중의 세 문장 c, d, e 과 그 외의 문장 a, b, f, g 등은 동일한 의미 계층에 속하지 않는다. 내포구조의 문장은 하위 계층 의미 구조에 속하고, 내포구조 외의 문장은 상위 계층 의미 구조에 속한다. 그러므로 내포구조의 문장들이 아무리 길더라도 의미적으로 상위 구조의 문장들에 간섭을 끼치지 않는다. 따라서 영조응은 이러한 내포구조를 무시하고 계속하여 사용할 수 있다. 그림으로 표현하면 다음과 같다.

〈표 14〉 의미 단위 내 문장들의 내포구조와 계층

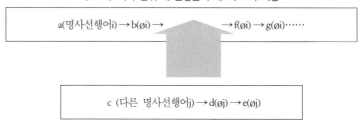

a(명사선행어i) → b(øi) →　　　　　　→ f(øi) → g(øi)……

c (다른 명사선행어j) → d(øj) → e(øj)

陈平(1986) 또한 조응어와 선행어가 같은 의미 계층 a에 속한 문장에 위치하며, 다른 간섭하는 선행어와 조응어가 다른 의미 계층 b에 속한 문장에 위치하는 경우, 간섭하는 선행어 및 조응어는 의미 계층 a에 속한 문장들에 영조응 사용에 영향을 끼치지 않는다고 말하였다. 陈平(1987)은 나아가, 언어 구조에 모든 문장이 동일한 계층에서 선형 방식으로 배열되는 것이 아니며 계층 구조를 가진다고 말하였다. 陈平이 말한 이러한 경우가 바로 이 글이 이야기하는 내포구조 유형이다. 이러한 의미 계층을 설명하기 위해 다음의 예문을 든다.

(107) a 马先生i还是远了雇汽车, 近了慢慢走, 反正不坐公众汽车和电车；①好, 一下儿出险, 死在伦敦, 说着玩儿的呢！b øi近来连汽车也不常雇了：②街上是乱的, 无论如何, 坐车是不保险的！况且, 在北京的时候, 坐上汽车, 巡警把人马全挡住, 专叫汽车飞过去, 多么出风头, 带官派！这里, 在伦敦, 大巡警把手一伸, 车全站住, 连国务总理的车都得站住, 鬼子吗, 不懂得尊卑上下！c øi端着两盆菊秧, 小胡子嘴撅撅着一点, 他在人群里挤开了。③他妈的, 那里都这么些个人！简直的走不开：一个个的都走得那么快, 撞丧呢！英国人不会有起色, 一点稳重

气儿都没有！d øi到了铺子, 耳朵里还是嗡嗡的响；④<u>老是这
么响, 一天到晚是这么响！但愿上帝开恩, 叫咱回家吧, 受不了
这份乱！</u>e øi定了定神, øi把两盆菊秧子摆在窗子前面, øi捻
着小胡子看了半天。(老舍 《二马》)

马先生은 거리가 먼 경우에는 택시를 부르고, 가까운 경우
에는 걷는 것을 택했다. 어쨌든 버스나 전차는 타지 않았다.
헉, 만약 위험하게 런던에서 죽게 되면, 이것이 농담이 아니
다! 요즘은 택시도 거의 부르지 않았다. 왜냐하면 거리도 엉
망이니, 어찌되었든 차를 타는 건 위험이 따르는 일이야! 하
물며 베이징에서는 자동차를 타면 순경이 사람들을 막고 자
동차를 지나가게 해주는데 얼마나 영광스러운 일인데, 여기
런던에선 순경이 손을 들면 자동차들이, 심지어 국무총리의
차까지 모두 멈추니, 웃기지도 않아, 귀천도 모르는 것들! 국
화 화분 두 개를 들고 구렛나루 빳빳한 채로 사람들 틈에서
밀려나왔다. 이런, 어딜 가도 이렇게나 사람이 많다니! 완전
히 걸을 수도 없다. 다들이 왜 이렇게 빨리 가나, 장례식장
에 가나? 영국인들은 나아질 기미가 안보여, 안정감이라곤
없구먼! 가게에 도착하니 귀가 여전히 웅웅 거렸다. 매일 이
렇게 아침부터 밤까지 웅웅거리는지! 하느님, 제발 우리를
집으로 돌려보내 주세요. 너무 정신 없어서 안되겠어요! 정
신을 차리고 두 개의 국화 화분을 창가 앞에 높은 채 구렛
나루를 만지작거리며 한참 지켜보았다.

(108) a 马老先生i在十天以前便把节礼全买好送出去, 因为øi买了存
着, 心里痒痒的慌。b 只有给温都母女的还在书房里搁着, <u>温
都太太告诉了他, 非到圣诞不准拿出来</u>。c øi把礼物送出以后,
øi天天盼着人家的回礼。(老舍 《二马》)

马老先生은 십일 전에 이미 선물을 사서 보냈다. 사서 가지
고 있으면 뭔가 불안해서였다. 温都모녀에게 줄 선물만 서
재에서 놓았다. 温都부인은 그에게 성탄절에야 선물을 꺼낼

수 있다고 알려주었기 때문이다. 선물을 보낸 후 매일 상대
방이 보내 줄 선물을 기다렸다.

(109) a 老通宝i搁着一架"蚕台"从屋子里出来。b 这三棱形家伙的木梗
子有几条给白蚂蚁蛀过了, 怕不牢, 须得修补一下。c øi看见阿
多站在那里笑嘻嘻地望着外边的女人吵架, 老通宝的脸色就板
起来了。(矛盾 ≪春蚕≫)

老通宝는 '누에 받침대'를 둘러 메고 밖으로 나왔다. 삼각형
나무 막대는 개미 떼들로 인해 좀을 먹은 상태라 손질을 해
야 했다. 阿多가 저 곳에 서서 웃으며 바깥의 여자들이 싸우
는 것을 쳐다보는 모습을 보았으니, 老通宝의 얼굴이 굳어졌
다.


(107)~(109)에는 밑줄로 표시된 부분이 내포구조이다. (107)를
보면, 문장 a와 문장 b 사이에 있는 ①부분, 그리고, 문장 b와 문장
c 사이의 있는 ②부분, 문장 c와 문장 d 사이에 있는 ③부분, 그리
고 문장 d와 문장 e 사이에 있는 ④부분은 모두 주인공이 생각한
내용이다. ①~④부분의 문장들은 의미상 문장 a~e와 서로 2개의
의미 계층에 속한다. ①~④부분의 문장들은 하위 계층에 속하고 4
개의 내포구조가 형성된다. 문장 a~e는 상위 계층에 속하고 내포
구조의 아무런 영향을 받지 않고 영조응과 대명사 조응 형식을 사
용한다.

(108)에는 문장 b에 간섭적인 선행어 '溫都太太'가 나타나지만
'溫都太太'가 있는 구절은 앞 구절에 대한 설명문이므로 서로 다른
의미 계층에 속한다. 그러므로 이 간섭적인 선행어 '溫都太太'가
아무런 영향을 끼치지 않고 문장 a에 있는 선행어 '马老先生'은 계

속해서 문장 c에서도 영조응으로 이어갈 수 있다. (109)에는 문장 a
와 문장 c 사이에 있는 문장 b는 의미를 보면 '老通宝'와 상관없이
'누에 받침대'에 대해 설명한 내용이다. 문장 b는 내포구조로 앞 뒤
문장에 간섭하지 못하고, 앞 문장은 이러한 내포구조를 넘어서며 뒷
문장에서 계속하여 영조응으로 사용된다.

위에 든 예문들에서 볼 수 있는 것처럼, 의미상 하위 계층에 속
한 문장들이 아무리 복잡하고 길어도 상위 계층의 영조응 사용에
영향을 미치지 않는다. 사실 두 문장 사이에 삽입되어 있는 내포구
조인 문장들이 삭제되어도 상위 계층 문장들의 서술에 영향을 주
지 않는다. (107)~(109)은 내포구조인 문장들이 삭제되면 다음
(107´)~(109´)과 같다.

(107´) a <u>马先生i</u>还是远了雇汽车, 近了慢慢走, 反正不坐公众汽车和电
车；b øi近来连汽车也不常雇了。c øi端着两盆菊秧, 小胡子
嘴撅撅着一点, 他在人群里挤开了。d øi到了铺子, 耳朵里还
是嗡嗡的响；e øi定了定神, øi把两盆菊秧子摆在窗子前面, øi
捻着小胡子看了半天。(老舍《二马》)
马先生은 거리가 먼 경우에는 택시를 부르고 가까운 경우
에는 걷는 것을 택했다. 어쨌든 버스나 전차는 타지 않았다.
요즘은 택시도 거의 부르지 않았다. 국화 화분 두 개를 들
고 구렛나루 뻣뻣한 채로 사람들 틈에서 밀려나왔다. 가게
에 도착하니 귀가 여전히 웅웅 거렸다. 정신을 차리고 두
개의 국화 화분을 창가 앞에 높은 채 구렛나루를 만지작거
리며 한참 지켜보았다.
(108´) a 马老先生i在十天以前便把节礼全买好送出去, 因为øi买了存
着, 心里痒痒的慌。b 只有给温都母女的还在书房里搁着, øi

把礼物送出以后, øi天天盼着人家的回礼。(老舍《二马》)

마老先生은 십일 전에 이미 선물을 사서 보냈다. 샀는데 그
냥 놓아두면 마음에 좀 기다리지 못한 느낌이었다. 温都모
녀에게 줄 선물만 서재에서 놓았다. 선물을 보낸 후 매일
상대방이 보내 줄 선물을 기다렸다.

(109´) a 老通宝i掮着一架"蚕台"从屋子里出来。c øi看见阿多站在那里
笑嘻嘻地望着外边的女人吵架, 老通宝的脸色就板起来了。(矛
盾《春蚕》)

老通宝는 '누에 받침대'를 둘러 메고 밖으로 나왔다. 阿多
가 저 곳에 서서 웃으며 바깥의 여자들이 싸우는 것을 보고
있는 모습을 보았으니, 老通宝의 얼굴이 굳어졌다.


(107´)~(109´)에 볼 수 있듯이, 내포구조인 문장이 의미상 하위
계층에 속하기 때문에 완전히 삭제해도 상위 계층에 속한 문장들
의 서술에 영향을 주지 않는다. 내포구조인 문장 뒤에 쓰인 영조응
은 후행글과 내포구조 앞에 있는 문장이 같은 상위 계층에 있다는
것을 표시해 준다. 이런 측면에서 보면, 영조응은 의미 구조의 계층
을 표시하는 기능도 있다.



## 2. 영조응의 화용적 기능

문어체 텍스트에서 영조응은 연결 표시와 계층 표시란 기능이
있는데 이러한 기능들이 회화체 텍스트에도 반영된다. 그런데 회화
체 텍스트에 영조응의 사용은 화자의 표시 의도를 나타내는 화용

적 기능도 동시에 있다.

제3장 2.2.에 회화체 텍스트에 명사반복 조응 형식은 존대 표시란 기능이 있다고 논술한 바 있다. 王力(1984)에 따르면, 고대 중국인은 존대해야 할 상대방이나 비슷한 연배 사람을 인칭대명사로 직접 칭하면 예의가 없다고 여겼고, 정말 친한 사이여야 인칭대명사 '尔, 汝'로 칭할 수 있었다. 서로 친숙하지 않다면 인칭대명사를 피해야 하고 명사를 써서 예의를 표시해야 된다. 현대에 들어 이러한 관습이 많이 사라졌지만 아직은 영향이 남아있다. 위 사람이나 존대해야 할 사람에게 명사 형식을 사용하는 것은 필수가 아니지만 화자의 존경을 표시하기 위해 여전히 종종 사용한다. 현대중국어에 대명사 형식은 예의가 없다는 것이 아니라 자유롭게 사용할 수 있는데 화자와 청자, 그리고 제3자와의 관계가 친밀하다는 것을 보여준다. 영조응 형식은 서로 관계가 더욱 수의적이고 친근하다는 것을 보여준다. 여기서는 예문을 통해 회화체 텍스트에서 영조응 형식의 사용은 명사반복 조응 형식 혹은 대명사 조응 형식의 사용과 어떠한 차이가 있는지 살펴보겠다. 다음 예문을 보자.

(110) 杜战威：光顾你这儿的都是些什么脓包蛋，啊？咱这一身正气
凛然的人民公仆，该进的是人民大会堂、中南海……
ø最近又查什么案子？ø是不是又在制造什么爆炸新
闻？(许雁 ≪情结≫)

杜战威：너 보러 온 놈들은 웬 얼뜨기들이냐？우리 같은 정
의로운 장관들이 인민대회당과 중남해 정부 청사
에 들어가야지 …… 요즘 또 무슨 안건을 조사하

고 있냐? 또 어떤 화젯거리를 만들려 하는 건 아니
겠지?

(111) 芦敬：ø穿上试试吧。

洛明：ø还是回宿舍试吧。

芦敬：不合适，ø(我)好改。

罗大生：ø快脱吧，ø试完好走！(杨利民 ≪地质师≫)

芦敬：입어 봐.

洛明：그냥 기숙사에 가서 입을래.

芦敬：맞지 않으면 바로 수선할 수 있는데.

罗大生：빨리 벗어, 입어보고 빨리 가자!

(112) 芦敬：ø怎么啦？ø还不睡，都后半夜了。

罗大生：你别管。

芦敬：ø怎么还抽起烟来了？…… 我知道你想什么。

罗大生：ø知道就好。ø去睡吧，ø别管我，ø让我一个人呆一会
儿。

(杨利民 ≪地质师≫)

芦敬：무슨 일이 있어? 벌써 새벽인데.

罗大生：신경 쓰지 마.

芦敬：왜 담배를 피워? …… 당신이 무슨 생각을 했는지 나
알아.

罗大生：알면 됐어. 가서 자. 신경 쓰지마, 혼자 있게 놔둬.


(110)~(112)는 몇 가지 서로 다른 인간 관계를 갖는 사람들 간
의 대화다. (110)은 杜战威가 친한 친구에게 한 말이다. 두 사람은
젊었을 때 같이 군대에 입대했고 杜战威는 전투 중 그 친구를 구한
적도 있었다. 예문 (110)의 전반부는 杜战威가 불평을 토로한 말이
고, 후반부는 그 친구에게 물어본 것인데 2인칭 대명사 '你'를 사

용하지 않고 영조응 형식으로 대신 하였다. 여기서 영조응의 사용으로 두 사람은 아주 친숙한 관계임을 알 수 있다.

(111)의 芦敬, 洛明, 罗大生 세 사람은 대학교에서 같은 전공을 한 동창이었다. 세 사람은 좋은 친구라서 서로 말할 때 일제히 영조응을 사용했다. 2인칭 대명사 '你'는 한 번도 나타나지 않았다. 자신을 지칭할 때도 1인칭 대명사 '我'를 사용하지 않았다. 여기서 알 수 있는 것처럼, 영조응의 사용은 사람들끼리의 친근함을 잘 나타낼 수 있다.

(112)는 芦敬과 罗大生이 결혼해서 부부가 된 후 벌어진 대화다. 여기서 부부 둘은 서로에게 말할 때도 영조응을 많이 사용했고 2인칭 대명사 '你'를 많이 사용하지 않았다.

위에서 볼 수 있듯이, 대화 속의 사람들이 서로 친숙한 관계라면 상대방이나 자신을 지칭할 때 항상 영조응 형식을 택한다. 명사반복 조응 형식에 비하면 대명사 조응 형식은 친근한 느낌을 나타낼 수 있는데, 영조응 형식의 사용은 더 친한 느낌을 나타낼 수 있다. 다시 말하면, 회화체 텍스트에 영조응의 사용은 화자와 청자가 존대의 관계에 속하지 않고 서로의 친근함을 반영해 준 표시가 될 수 있다. 이러한 결론을 검증하기 위해 서로가 존대의 관계에 속하거나 친숙하지 않는 사람들의 대화를 비교해 보기로 한다. 다음의 예문들을 보자.

(113) 郭鲁闽：梁阿姨，您进来呀。

　　　 梁祝英：我有事想和你爸爸谈一谈。

节志刚 : 是梁阿姨吧？我是节志刚, 您请进来坐。(姚远, 邓海南, 蒋晓勤 ≪"厄尔尼诺" 报告≫)

郭鲁闽 : 양 아주머니, 어서 들어 오십시오.

梁祝英 : 난 일이 있어서 네 아버지랑 같이 얘기 하려는데.

节志刚 : 양 아주머니시죠? 저는 절지강이에요. 들어와서 앉으세요.

(114) 德文珠 : 师傅, 外头还有东西吗？

欧日华 : 还有。

德文珠 : ø快搬去呀。

……

德文珠 : 喂, 那是工钱, 你拿着。

欧日华 : 小姐……

……

德文珠 : 唔, 你好像还有点文化。请问尊姓大名？

欧日华 : 我叫欧日化, 欧洲、日本加中华民族, 欧日华。

德文珠 : 欧先生有身份证吗？

欧日华 : 有的, 还有经商证明。

……

德文珠 : 欧先生, 你很能干, 也很忠厚, 出乎我的意料之外……我想提出一个建议, 不知你能不能考虑。

欧日华 : 老板请说, 不要客气。

德文珠 : 我建议我们长期合作, 共同努力开创一番事业。

欧日华 : 不知老板怎么会有这样的想法？(中杰英 ≪北京大爷≫)

德文珠 : 아저씨, 밖에 물건 또 있어요?

欧日华 : 또 있어요.

德文珠 : 빨리 가져와요.

……

德文珠 : 이봐요, 그건 수당인데 받아요.

欧日华 : 아가씨……

......

德文珠 : 응, 지식이 좀 있는 것 같군요 성함 어떻게 되셨나요?

欧日华 : 저는 欧日华라고 합니다. 유업, 일본과 중화민족, 구일화예요.

德文珠 : 구선생님은 신분증이 있으세요?

欧日华 : 네. 사업 증명서도 있어요.

......

德文珠 : 구선생님은 능력도 있고 성실하시네요…, 제안을 하나 해도 될까요?

欧日华 : 말씀하시죠.

德文珠 : 우리가 장기적으로 같이 사업을 해 보는 건 어떨까요?

欧日华 : 사장님께서는 어떤 생각을 가지고 계신지요?

(115) 德文珠 : 爸, 您还在上头看热闹呐。

......

德仁贵 : ø雇临时工可留神, ø别让人坑了。

德文珠 : 您放心吧, 做买卖也不是一天两天了。(위와 같음)

德文珠 : 아빠, 아직 구경하고 계세요?

德仁贵 : 임시로 사람을 고용하는 거 조심해야 돼, 사기 당하지 말고.

德文珠 : 걱정하지 마세요 일하는 거 하루 이틀도 아닌데요.

(116) 德文满 : 妈, 您给拿两瓶冰镇可乐, 四瓶双合盛。

......

德大妈 : 哎哟……(哭)

德文满 : ø有完没完, ø哭什么？ø回屋呆着去, ø回去！(동상)

德文满 : 엄마, 콜라 두 병, 술 네 병 갖다 주세요.

......

德大妈 : (울다.)

德文满 : 왜 그래? 왜 계속 울어? 방에 들어가, 돌아가!

(113)에서 화자 '郭鲁闽'과 '节志刚'은 자기의 아버지와 재혼할 '梁祝英'에게 존경을 표시하기 위해 2인칭 존대 형식 '您'을 사용했는데 영조응 형식을 사용하지 않았다. '您'을 사용한 두 군데에 영조응 형식을 사용해도 되지만 너무 편안한 느낌을 줄 수 있어서 아직 친숙하지 않는 '梁祝英'에게 적당하지 않기 때문에 화자가 영조응 형식을 피했다.

(114)에서 '德文珠'가 '欧日华'에 대해 태도를 몇 번 바꿨다. 처음에는 길거리에서 불러서 일에 도와 달라고 하는 사람이라서 '师傅'과 '喂'라고 불렀고 일을 시켰을 때도 영조응 형식을 사용해서 명령했다. 여기서 영조응의 사용은 윗사람이 아랫사람에게 명령하고 무시한다는 의미를 표시해 준다. 즉, 영조응 형식은 존경하지 않는 사람에게 혹은 존대할 필요 없는 사람에게 쓰는 것을 알 수 있다. 그 다음 '欧日华'가 말한 것을 보면 유식한 사람인 것 같아서 물어볼 때는 영조응을 사용하기는커녕 2인칭 대명사도 아닌 명사 형식인 '欧先生'으로 바꿨다. 반대로, '欧日华'는 '德文珠'에게 일관되게 존대 형식을 썼다. 처음에는 '小姐'라고 칭했고 고용 관계를 확정 후 '老板'이라고 불렀다. 여기서 대명사 형식을 사용해도 되지만 존경을 표시하기 위해 '欧日华'는 계속 명사 형식을 사용했다. (114)에서 영조응과 명사 형식의 서로 다른 화용적 기능을 잘 볼 수 있다.

(115)에 부녀 사이에 서로 대명사 조응 형식과 영조응 형식의 사용에 각각의 표시 기능을 더 잘 볼 수 있다. 딸인 '德文珠'는 아버지인 '德仁贵'에게 2인칭 존대 형식 '您'을 사용하면서 영조응 형

식을 사용하지 않았다. 반면, 아버지는 딸에게 영조응 형식을 사용했고 2인칭 대명사 형식을 사용하지 않았다. 여기서 볼 수 있듯이 영조응 형식은 윗사람이 아랫사람에게 쓸 수 있는데 아랫사람이 윗사람에게 영조응 형식을 사용하면 존경하는 의미를 표시할 수 없다는 것을 알 수 있다. 만약 영조응 형식을 사용하게 되면 존경하는 의미는 없고 대신 부녀 간의 편안함을 표시할 수 있다.

(116)에서 아들인 '德文滿'이 어머니인 '德大妈'에게 한 말을 보면, 처음에 아들은 엄마에게 계속 2인칭 존대 형식 '您'을 사용했는데 나중에 아들은 화가 나서 엄마에게 영조응 형식을 사용했다. 엄마에게 영조응을 사용해서 한 말은 마치 어린 아이나 아랫사람에게 명령한 말처럼 들리고 멸시하는 의미가 들어 있다. 이 예문을 통해 영조응 형식은 존대의 의미가 없고 친숙함과 수의함, 혹은 윗사람이 아랫사람에게 명령하거나 멸시하는 의미를 표시해 주는 기능이 있다고 알 수 있다.

한국어는 중국어와 비해서 두 가지 큰 차이점이 보인다. 첫 번째는 한국어에는 어미가 존재해서 어미를 통해 많은 의미적인 정보를 제공할 수 있기 때문에 영조응의 사용이 더욱 자유로운 모습이 나타난다. 두 번째는 한국어의 동사는 중국어보다 강한 의미 제시 기능을 갖기 때문에 많은 의미 정보를 제시하기를 통해서 영조응을 사용할 수 있는 환경을 만들어 준다. 다음 이 두 가지 상황을 나누어서 보자.

첫 번째, 한국어의 어미 체계는 아주 복잡하다. 어미는 그 수량이 많고 각각 다양한 기능을 갖고 있는데 그 중에 인칭을 제시하는 어미도 많다. 어미와 인칭에 관계에 대해서 다음과 같은 김경석 (2011)이 제시한 의견을 보자.

    (117) (a) 나는 슬프다.   (b) 철수가 가더라.

  김경석을 따르면, (117) (a)는 소위 '화자 동일 주어 제약'을 갖는 구문이며, (b)는 '화자 비동일 주어 제약'을 따르는 형태로 화자라는 화용적 인칭 요소가 일정하게 문장 구성에 관여하고 있다. 이런 점에서 보면 인칭은 어휘적 속성과 화용적 성격이 일정한 관련성을 가지면서 실현된다. 이러한 화자 동일 주어 제약이나 화자 비동일 주어 제약은 한국어에서 광범위하게 출현하는 영조응의 해석과도 밀접한 관련을 맺는다. 따라서 한국어의 어미는 주어가 갖는 인칭 정보와 완전히 무관하지는 않는 듯이 보인다. 예를 들어 주체 존대를 나타내는 어미인 '-시'는 주어와 일치되는 현상을 보이며, 복수 어미인 '-들'은, 동사구에 실현되는 어미는 아니지만, 주어의 복수성과 분명한 상관성을 갖는다.

  유현조(1998) 또한 인칭의 측면에서 '-고, -니까'는 다른 어미들과 차이가 난다고 제시하였다. 다른 어미들의 경우 '간다-거든, 간다-ㄴ다' 등에서 볼 수 있듯이 이/그/저 사람(3인칭)의 말을 인용하는 것이 일반적이지만, '-고, -니까'는 나/너(1/2인칭)의 말을 인용한다.

  이은경(1998)은 '접속 어미 가운데에는 접속 어미 구성의 주절에 실현되는 서법(문장 종결법)에 제약을 보이는 경우가 있다'고 말하였다.

  조숙환, 김세영(2006)에 따르면, 한국어 문말 어미 중에 '인지 양태소'라고 일컬어지는 '-더라', '-구나', '-지' 등은 각각 화자의 '관찰을 통한 앎', '처음 알게 됨', '이미 앎' 등의 인지적 의미가 함유되어 있다는 점이 특기할 만 한다. 인지 양태소와 주어의 형태 통사 현상을 간략히 요약하면 즉 : '주어-양태어미 일치 규약 : 인지 양태소는 주어의 인칭과 일치해야 한다.'

목정수, 유현조(2003)에 의하면, '국문법 연구에서도 주체 존대의 어미 '-시'가 주어/행위자와 일치한다고 논의되어 왔으며, 유형론적으로 한국어에 특히 발달한 것으로 논의되는 접속 어미에 대해서도 동일 주어 제약과 같은 현상이 논의되었고, 문장 종결 어미에 대해서도 주어/행위자 특정 인칭으로 제약되는 현상이 역시 다루어지고 있다.'

목정수(2003)에 따르면, '말뭉치 상에서는 주어가 명시적으로 실현되지 않는 것이 대부분이며, 행위주/경험주의 인칭은 어미를 통해 드러난다.' 예를 들면, 접속어미 '-고자', '-고'의 선행글과 후행글은 반드시 같은 행위자를 지칭해야 한다. 존대 표시 '-시'가 평서문, 의문문, 청구문에 쓰이게 되면 주어 위치의 2인칭 대명사가 나타나지 않을 가능성이 높다.

홍민표(2000)는 대화체에서 화자와 청자를 지칭하는 영형대명사의 경우에는 '특히 우리말의 경우, 주어와 동사 어미 사이에 일치 자질이라고 밝혀진 존칭 표시(honorific marker) '-시'의 유무가 청자 논항 복원에 어느 정도 기여를 하는 것으로 관찰된'다고 제시하였다.

金順吉(2009)도 한국어는 인구어의 '주어-서술어 일치 관계'와 같이 인칭 대명사와 어미 사이에도 일치 관계가 존재한다고 하였다. 이러한 일치 관계로 인해 어미를 보면 나타나지 않는 인칭 대명사도 명확하게 알 수 있다고 하였다. 이렇듯, 한국어 영조응의 사용은 어미의 영향이 아주 크다. 하지만, 중국어에는 어미가 없어서 한국어처럼 자유롭게 인칭 대명사를 생략할 수 없다. 한국어에서 어미 사용으로 인칭 대명사가 나타나지 않는 글을 중국어로 번역하려면 반드시 인칭 대명사를 사용해야 된다. 그렇지 않으면 비문이 되거나 오해를 초래할 수 있다. 예를 들면 :

> (118) 그때의 일들을 생각할 때마다 나의 머리에는 가지가지 일들
>      이 회상된다. 그 중에서 나의 일생에 영원히 잊을 수 없는
>      이야기를 하나 하려고 한다. (한국어 원문)[36]
>      每当回想起那个时期许多事情的时候，我的脑海中就涌现出许
>      许多多事情。(我)想说一说其中我毕生难忘的一件事。(중국어
>      번역문))

(118)에 한국어 원문은 어미 '-려고 하다'를 통해서 주체 행위자가 '나'인 것을 알 수 있기 때문에 문장에 영조응이 사용된다. 이를 중국어로 옮기면 반드시 대명사 형식인 주어 '我'를 써야 된다. 그렇지 않으면 자연스럽지 않은 문장이 될 것이다.

위의 비교를 통해 중국어와 한국어의 서로 다른 언어 형태는 영조응의 사용에 영향을 미친다는 것을 알 수 있다. 중국어는 한국어와 달리 형태 변화의 표시가 발달하지 않았기 때문에 부득불 의미에 의존해서 영조응을 사용한다는 것이다.

---

36) 王红斌&李悲神(1999 : 62)에서 한국어 원문과 중국어 번역문을 인용.

두 번째, 한국어는 영조응을 사용할 때 동사와 형용사도 영향을 끼친다는 학자들의 의견이 있다.

홍민표(2000)는 '-고 싶다' 혹은 '즐겁다/기쁘다' 등의 소위 심리적 형용사의 경우, 화자 주어나 청자 주어를 생략시킨다는 관찰을 제시하였다.

김경석(2011)에 의하면, 평서술 차원에서 인칭에 대한 제약이 가해지는 대표적 유형이 주관이나 심리를 나타내는 형용사 혹은 동사의 경우이다. 이와 같은 제약을 보이는 용언은 주체만이 알 수 있는 사실로 심리주를 요구한다. '슬프다', '즐겁다', '기쁘다', '놀랍다', '덥다', '맵다', '좋다', '아프다', '가렵다', '어지럽다', '그립다', '무섭다', '밉다', '불안하다', '유감스럽다' 등이 이에 속한다.

목정수(2003)는 주관동사 '춥다', '마음에 들다'와의 결합, 기술동사/행위동사 '가다, 파랗다' 등과의 결합에서 나타나는 인칭 문제를 논의하였다. 목정수(2003)는 한국어는 굴절어미 범주, 동사어휘 범주, (대)명사 범주의 결합을 통해 인칭 구조가 결정되는 것이라고 말하였다.

최웅환(2002)은 '주관동사라고 불려온 심리형용사가 구성한 구문은 화자—주어 동일성 제약을 보여주고 있다'고 말하였다.

위의 여러 학자의 연구에서 볼 수 있듯, 한국어에 많은 동사와 형용사는 행위자의 인칭 정보를 제시할 수 있기 때문에 주어가 나타나지 않아도 이해 가능하다. 중국어에서 동사나 형용사는 행위자 정보를 제시하지 못해서 주어를 명시적으로 사용해야 된다. 동사와 형용사는 어미와 더불어 한국어의 영조응 사용에 적지 않는 영향을 준다. 이러한 점은 한국어와 중국어 영조응의 사용에 가장 큰 차이라 할 수 있다.


## 3. 소결

화자는 자기의 서술 논리에 따라 의미 단위를 확정하는데 그 의미 단위가 확정된 후 명사 선행어에 대해 영조응을 사용한다. 그러므로 의미 단위의 확정은 영조응 사용의 텍스트 조건이다. 의미 단위 내 영조응의 사용은 두 가지 의미적 기능이 있다.

첫째는 의미 단위 내 영조응이 사용된 모든 문장들을 의미상 하나로 연결해 준다는 기능이 있다. 여기에는 두 가지 상황이 있다. 하나는 A식 대명사로 분리된 하위 의미 뭉치가 없는 경우에 영조응은 의미 단위 내 모든 문장들의 의미를 연결해 준다. 다른 하나는 A식 대명사로 분리된 하위 의미 뭉치가 있는 경우에 영조응은 각 하위 의미 뭉치에 있는 문장들의 의미를 따로따로 연결해 준다.

둘째는 의미 단위 내 내포구조가 있는 경우에 영조응의 사용은 내포 구조가 하위 의미 계층에 속해서 상위 의미 계층에 영향을 미칠 수 없다는 것을 표시해 준다. 아무리 복잡한 내포구조라고 해도 상위 의미 계층의 문장들에 영조응의 사용에 영향을 끼치지 못한다. 영조응의 사용은 여기에 내포구조란 하위 의미 계층이 있다는 것을 분명히 보여준다. 그러므로 영조응은 계층 표시의 기능이 있다고 할 수 있다.

회화체 텍스트에서 영조응의 사용은 화자의 상대하는 태도를 표시해 주는 기능이 있다. 영조응은 화자와 청자가 존대의 관계에 속하지 않고 서로의 친근함을 표시해 주거나 윗사람이 아랫사람에게 명령하거나 멸시하는 의미를 표시해 준다.

# 제6장

# 기본 조응 모델

이 책에서는 텍스트적으로 중국어 실제 언어 자료 중의 조응 현상을 의미적 기능과 화용적 기능으로 연구하였다. 또한, 중국어를 중심으로 한국어와의 차이점을 대조하여 그 원인과 용법에 대한 분석을 진행함으로써 중국어 텍스트 중 명사반복 조응, 대명사 조응과 영조응의 사용 규칙과 기본적인 조응 모델을 도출하고자 하였다.

본서는 의미 단위란 개념을 제시하였다. 의미 단위는 조응 사용의 기본적인 텍스트 환경이다. 의미 단위를 시작할 때 주어 위치에 처음으로 명사 형식의 선행어가 나타난다면, 의미 단위 내 후행글의 주어 위치에 영조응을 사용한다. 이는 이 글 중 중국어 실제 언어 자료를 분석함으로써 귀납된 중국어의 기본 조응 모델이다. 구체적으로 보면 다음과 같다.

1. 한 의미 단위 내에서의 영조응의 사용은 기본적인 조응

모델이다.

2. 한 의미 단위 내 하위 의미 뭉치가 전환될 때만 A식대명사가 사용된다. 그렇지 않는 경우에는 영조응이 사용된다.

3. 한 의미 단위 내 화자의 여러 표시 의도를 나타내기 위해 B식 명사 혹은 B식 대명사가 사용된다. 그렇지 않는 경우에는 모두 영조응이 사용된다.

본서는 중국어와 한국어의 실제 언어 자료를 분석함으로써 다음과 같은 결론을 도출하였다.

우선 인지언어학적으로 접근성 이론을 이용해서 중국어와 한국어의 명사, 인칭대명사와 영형대명사의 접근성 정도를 비교하였다. 만약 이 세 가지 지칭어의 접근성에 차이가 있다면 인지적으로 두 언어의 세 가지 조응의 용법 차이의 원인을 설명할 수 있을 것이다. 이 글의 분석 결과를 보면 다음 <표 15>와 같다.

〈표 15〉 중국어·한국어·영어에 세 가지 지칭어의 접근성 대조

|  | 고 접근성 |  | 중저 접근성 |  | 저 접근성 |
|---|---|---|---|---|---|
| 중국어 | 영형대명사, B식 대명사 | → | A식대명사 | → | 명사 반복 |
| 한국어 | 영형대명사 | → | 대명사 | → | 명사 반복 |
| 영 어 | 영형대명사, 대명사 | → | … | → | 명사 반복 |

<표 15>에서 볼 수 있듯이, 이 글에서는 중국어의 대명사를 두 가지로 나누었다. B식대명사는 주요 서구화의 영향으로 사용하게 된 것이라 그 용법은 영형대명사와 같으며, A식대명사는 영형대명

사로 대체 불가능한 대명사이다. <표 15>에서 볼 수 있듯이 인지
언어학적으로 분석한 결과 중국어와 한국어의 이 세 가지 지칭어
가 비슷하거나 같은 접근성 정도를 가지고 있다. 이 결과를 검증하
기 위해 심리학 연구 결과를 이용하여 텍스트 이해의 측면에서 고
찰하였다. 그래서, 중국어와 한국어의 세 가지 조응은 조응해결 과
정에서도 유사한 요소의 영향을 받는다는 것을 알 수 있었다. 따라
서 두 언어의 명사반복 조응, 인칭대명사 조응과 영조응의 서로 다
른 용법은 다른 복잡한 요소의 영향을 받고 있다는 것을 알 수 있
고, 이는 다른 시각으로 두 언어의 조응 용법의 차이점에 대한 연
구의 필요성이 제기된다고 볼 수 있다.

제3장에서는 중국어의 명사반복 조응에 대해 문어체 텍스트와
회화체 텍스트로 나누어서 고찰하였다. A식명사 형식은 의미 단위
를 분리해 주는 표시어로서 '비연속성'과 '의미 단위의 표시'란 기
능이 있다고 결론지을 수 있으며, 의미 단위 내의 명사반복 조응
형식(B식명사)은 '초점화', '기억을 회생시키기' 등 다양한 회화 의
도를 표시해 주는 의미 기능이 있음을 제시한다. 한국어 문어체 텍
스트의 명사 조응도 마찬가지로 같은 의미 기능이 있다.

중국어 회화체 텍스트의 명사반복 조응의 사용에 대해서는 역사
적 변화 과정을 고찰하였다. 역사적인 고찰을 통해 현대중국어 회
화 중 명사반복 조응의 사용이 존경과 예의를 표시하려는 화용적
목적을 가지고 있음을 찾아낼 수 있었다. 그리고, 화자가 명사 형
식으로 상대방에게 존경과 예의를 표시하는 동시에, 서로의 관계와
친밀도를 보여 주는 목적도 가지고 있음을 알 수 있었다. 고대 중

국어와 근대 중국어에서 명사 형식으로 상대방을 칭하는 것은 당연하고 필수적인 일이었다. 이와 달리, 현대중국어에서 명사 형식으로 상대방을 칭하는 것은 일종의 화용적 수단이고 의도적이며 선택적인 것이다. 고대 중국어와 근대 중국어에서 상대방을 명사 형식으로 칭하는 것이 당시의 사회 환경과 언어 관습으로 인해 정해진 규칙이라고 한다면, 현대중국어에서 상대방을 명사 형식으로 칭하는 것은 개인의 회화 의도에 따라서 임의적으로 사용하는 수단이라고 할 수 있다. 중국어 회화체 텍스트의 명사반복 조응은 '시각 전환'이라는 화용적 기능도 있다. 즉, 타인의 시각으로 타인이 자기를 평가하는 것처럼 말하면 청자에게 객관적인 평가라는 느낌을 줄 수 있고 또 다양한 화용적 목적과 효과를 담을 수 있다. 이와 같은 시각 전환으로 어떤 화용적 목적을 표시하는 용법은 한국어에서도 찾을 수 있다.

한국어의 명사반복 조응에 대해서는 경어법에 대해 고찰하였고 한국어 학자들의 연구 결과를 참고하였다. 경어법을 통해 인지언어학과 순수언어학적으로 설명할 수 없는 한국어 명사 조응의 많은 용법을 해석할 수 있음을 확인하였다.

제4장에서는 중국어와 한국어의 인칭대명사 조응에 대해 주로 2인칭과 3인칭 대명사를 분석하였다.

중국어 2인칭 대명사의 통칭 형식 '你'와 존칭 형식 '您'에 대해서는 우선 역사적 발전과 변화의 과정을 고찰하였고 또 사회언어학적으로 분석을 하였다. 이러한 분석을 통해 '您'과 '你'의 사용에는 교육 수준, 화자와 청자의 관계, 나이, 회화 의도 등 다양한 요소가 영향을 미치고 있음을 자세하게 알 수 있었다. 그리고, 중국어에서는 존경을 표시하는 방식으로 처음에는 명사 형식으로 상대방을 지칭하는 것으로, 그 다음에 존칭 형식 '您'으로 상대방을 지칭하는 것으로 발전했고, 존칭 형식 '您'의 사용도 필수적 사용을 선택적 사용으로 바꾸는 등, 이러한 발전 과정이 아직 끝나지 않았음을 알 수 있었다. 즉, '你'와 '您'의 사용은 기본적으로 임의성과 개인화로 흘러가고 있다. 이는 사람들의 평등 의식과 깊은 관계가 있으며 많은 비베이징 사람들이 현대중국어 표준어를 사용할 때 '你'와 '您'의 차이를 따지지 않는 것과도 관련이 깊다.

그 다음으로 한국어 2인칭 대명사에 대해 체계적으로 고찰해 보았다. 2인칭 대명사의 수량이 많고 분류도 세밀하지만, 모든 사람을 지칭할 수 있는 것은 아니다. 상대방에게 '해요체', '합쇼체'를 사용해야 되는 경우, 상응한 2인칭 대명사가 없다. 그러므로, 이런 경우에는 명사반복 형식을 사용해서 같은 상대방을 지칭한다. 그래서, 한국어에서 명사 조응과 대명사 조응의 사용은 서로 분리할 수 없는 관계가 있다.

중국어 3인칭 대명사는 이 글에서 주로 '他'에 대해 고찰하였다. 역사적으로 서구화의 영향을 강조함으로써 대명사 '他'를 A식과 B식으로 분류하였다. A식대명사 '他'의 의미적 기능을 분석하였는데 그 결과는, 한 의미 단위 내 하위 의미가 바꿀 때 A식대명사 '他'를 쓴다는 것이다. 즉, A식대명사 '他'는 한 의미 단위 내 '의미 추진' 혹은 '의미 전환'이라는 기능이 있다는 것이다.

한국어 3인칭 대명사 '그'는 사용할 수 있는 범위가 아주 좁기 때문에, 회화 중 제3자를 언급할 때 적절한 3인칭 대명사가 결핍되어 있어 명사반복 형식을 사용한다는 것을 알 수 있다. 한국어 3인칭 대명사 '그'도 중국어 A식대명사 '他'와 같이 의미 단위 내 '의미 추진' 혹은 '의미 전환'의 의미적인 기능이 있다.

제5장에서는 중국어 영조응의 텍스트적 조건에 대해 연구하였고, 많은 학자들이 주장하던 '화제 연쇄'란 사용 조건은 모호성 문제가 있다는 것을 지적하였다. 이 글은 텍스트 생성과 화자의 입장에서 '의미 단위'는 영조응의 사용 조건이라는 결론을 제시하였다. 의미 단위 내 영조응의 사용은 두 가지 의미적 기능이 있다. 첫째는 의미 단위 내 영조응이 사용된 모든 문장들을 의미 상 하나로 연결해 주는 기능이다. 둘째는 의미 단위 내 내포구조가 있는 경우에 영조응의 사용은 내포구조가 하위 의미 계층에 속해서 상위 의미 계층에 영향을 미칠 수 없다는 것을 표시해 준다. 영조응의 사용은 여기가 내포구조란 하위 의미 계층이 있다는 것을 분명히 보여주기 때문에 계층 표시의 기능이 있다고 할 수 있다. 중국어 회화체 텍스트에서 영조응의 사용은 화자의 의도를 표시해 주는 기능이 있다. 영조응은 화자와 청자가 존대의 관계에 속하지 않고 서로의 친근함을 표시해 준다. 혹은 윗사람이 아랫사람에게 명령하거나 멸시하는 의미도 표시해 준다.

한국어에서 영조응의 텍스트 사용 조건은 중국어와 같다. 한국어에도 화자가 자기의 서술 논리에 따라 의미 단위를 확정하며 이러한 의미 단위 내 영조응을 사용한다. 그런데 한국어는 중국어와 비교하여 두 가지 큰 차이점을 보인다. 첫 번째는 한국어는 어미가 발달하여 어미를 통해 많은 의미적인 정보를 얻을 수 있기 때문에 영조응의 사용에 있어 더욱 자유로운 모습을 나타낸다. 두 번째는 한국어의 동사와 형용사는 중국어보다 강한 의미 제시 기능을 갖기 때문에 많은 의미 정보 제시를 통해 영조응을 사용할 수 있는 환경을 만들어 준다는 것이다.

이 책의 중국어의 명사반복 조응, 인칭대명사 조응과 영조응에 대한 조응 모델, 그리고 한국어와의 일부 대조 연구 결과는 중국어 학습자와 한국어 학습자에게 기초적인 자료를 제공하여 언어를 학습하는 데 도움을 줄 수 있으리라 사료된다. 뿐만 아니라, 중국어를 한국어로 번역하거나 혹은 한국어를 중국어로 번역하는 데에 있어서도 참고가 될 수 있을 것이다.

# 참고문헌

## 1. 논문

강연임(1996), <이인칭 대명사의 화용적 의미 기능에 대하여>, 어문연구 28집.

곽현진(2011), <한국어 1인칭 대명사 대용 표현 연구>, 경희대 석사학위논문.

김경석(2011), <동사 중심 인칭과 대명사 중심 인칭>, 프랑스어문교육 36집.

김광희(1992), <인칭대명사의 조응현상에 대하여>, 국어학 22집.

김광희(2011), <대용 표현>, 국어학 60집.

김영옥(2011) <한·중 대조언어학 연구 현황에 대한 고찰>, 중국어문학논집 68집.

김영희(1981), <회상문의 인칭제약과 책임성>, 국어학 10집.

김정호(2004), <국어 높임법에 대한 체계적인 사회언어학적 접근>, 겨레어문학 33집.

김현철, 양영매(2011), <중한 대조언어학 연구 현황 고찰>, 중국어교육과연구 14집.

김혜숙(1995), <현대 국어 생활에 나타난 높낮이 말씨 선택의 변화 양상>, 사회언어학 제3권 1호.

두염빙(2012), <汉语的名词照应, 人称代词照应与零照应--以与韩国语的比较为中心>, 중국문학 70집.

두염빙(2013), <汉语指人名词的照应模式研究>, 중국문학 74집.

목정수, 유현조(2003), <한국어 동사·어미 범주와 주어 인칭의 상관관계>, 어학연구 39집.

목정수(2007), <한국어 종결어미의 반복 순서 제약과 인칭의 문제>, 어문논집 37집.

민경모(2012), <Deixis의 개념 정립에 대한 일고찰>, 한국어 의미학 37집.

박영순(1995), <상대높이법의 사회언어학>, 어문논집 34집.

박진호(2007), <유형론적 관점에서 본 한국어 대명사 체계의 특징>, 국어학 50집.

백수진(1994), <한어 영조응 연구>, 중국어문학 24집.

백수진(2011), <비교문화언어학의 관점에서 본 한국어·중국어 문법 교육>, 한중인문학연구 32집.

송현주, 윤정은(2007), <생략된 주어가 있는 문장 처리에 담화특출성이 미치는 영향>, 한국심리학화지 : 실험 제19권 4호.

심성호(2011), <한국어 중국어 인칭대명사의 대응 관계>, 중국어문학 57집.

안소진(2008), <소위 3인칭 대명사 '그, 그녀'의 기능에 대하여>, 한국어학 38집.

양명희(1996), <현대국어 대용어에 대한 연구>, 서울대 박사학위 논문.

완한석(2000), <언어 생활의 특성과 변화－신분 지위 호칭과 의사친척호칭의 사용을 중심으로>, 사회언어학 제8권 1호.

왕금하(2007), <한국어와 중국어의 인칭대명사 대조 연구>, 신라대 석사학위 논문.

유송영(2002), <'호칭 지칭어와 2인칭 대명사'의 사용과 '화자 청자'의 관계>, 한국어학 15집.

유현조(1998), <한국어 어미 분석과 인칭의 문제>, 언어연구 18집.

유현조(2003), <한국어 어미 구조의 문법적 보편성에 관한 연구 : 형태 분석에 기반한 대조언어학적 관점에서>, 서울대 석사학위 논문.

이경우(2001), <현대국어 경어법의 사회언어학적 연구>, 국어교육 106집.

이민우(2002), <현대중국어의 주어 생략에 관한 연구>, 중국언어연구 22집.

이  숙(2008), <생략의 담화 원리>, 어문학논총 27.

이영천(2010), <한중 호칭어와 지칭어의 대비 연구>, 전남대 석사학위 논문.

이원표(2004), <국어학과 사회언어학>, 나라사랑 108집.

이재호(2009), <설명문의 대용어 참조해결과정 : 지시사 유형의 효과>, 한국심리학회지 : 일반 28집.

이재호(2010), <설명문의 대용어 참조해결과정 : 대용어와 지시사 생략효과>, 인지과학 제2권 2호.

이정복(2006), <국어 경어법에 대한 사회언어학적 접근>, 국어학 47집.

장경희(2002), <대명사>, 새국어생활 제12권 2호.

조숙환, 김세영(2006), <한국어 서사 텍스트 처리의 다중 표상과 구성 통합 이론 : 주제어 연속성에 대한 양태 어미의 형태 통사적, 담화 화용적 기능>, 인지과학 제17권 2호.

주영희(1998), <유아의 언어 습득 책략과 모성어 연구>, 인천교육대학교 교육논총 15집.

최웅환(2002), <1인칭 주어제약 구문의 문법성과 통사적 표상>, 어문학 76집.

한미애(2013), <소설 텍스트에서 직시어 번역양상 : 「눈길」을 중심으로>, 번역학연구 14권 1호.

한정은(2005), <영화 「첨밀밀」의 자막번역에 나타난 직시어 번역>, 국제회의 통역과 번역, 7권 2호.

홍상희(2001), <여성 3인칭 대명사 '그녀'에 대한 연구>, 홍익대 석사학위 논문.

白学军, 张兴利, 阎国利(2005), <动词隐含因果关系在代词解决中的时间进程的眼动研究>, 心理学探新 第3期.

曹秀玲(2000), <韩国留学生汉语语篇指称现象考察>, 世界汉语教学  4期.

陈松岑(1986), <北京话"你""您"使用规律初探>, 语文研究  第8期.

陈辉, 陈国华(2001), <人称指示视点的选择及其语用原则>, 当代语言学3期.

陈  平(1987), <汉语零形回指的话语分析>, 中国语文 第5期.

陈治安, 彭宣维(1994), <人称指示语研究>, 外国语 第3期.

崔希亮(2000), <人称代词及其称谓功能>, 语言教学与研究  第1期.

崔永模<韩>(2001), <浅谈韩语敬语系统>, 山东教育学院学报 第5期.

大西智之(日本)(1994), <亲属称谓词的自称用法刍议>, 世界汉语教 学4期.

董娟娟(2008), <从第三人称代词看汉语的欧化现象>, 江西科技师范学院学报 第1期.

方  梅(1985), <关于复句中分句主语省略的问题>,延边大学学报 第1期.

付士勇(2002), <省略研究述评>, 福建师范大学 硕士学位论文.

高彦梅(2003), <代词衔接功能的认知研究>, 外语学刊 第1期.

郭凤岚(2008), <当代北京口语第二人称代词的用法与功能>, 语言教学与研究 第3期.

郭鸿杰(2007), <现代汉语欧化研究综述>, 西安外国语大学学报 第1期.

郭 丽(1993), <浅论"你"与"您">, 深圳大学学报 第10卷.

高宁慧(1996), <留学生的代词偏误与代词在篇章中的使用原则>, 世界汉语教学 第2期.

韩希昌(2010), <从教学观点对比韩汉人称代词>, 中国言语研究 第34辑.

黄碧蓉(2008), <英汉第三人称代词照应功能的认知解析>, 外语学刊 第5期.

黄南松(1997), <省略和语篇>, 语文研究 第1期.

黄娴, 张克亮(2009), <汉语零形回指研究综述>, 中文信息学报 第4期.

黄玉花(2005), <韩国留学生的篇章偏误分析>, 中央民族大学学报 第5期.

侯家旭(2000), <替代、省略与篇章衔接>, 山东外语教学 第4期.

侯敏, 孙建军(2004), <汉语中的零形回指及其在汉英机器翻译中的处理对策>, 中文
        信息学报 第19卷1期.

胡剑波(2008), <试论名词性尊称的变异用法>, 外语与外语教学 第230期.

蒋  平(2003), <影响先行语可及性的因素>, 外国语 第5期.

蒋  平(2004), <零形回指现象考察>,汉语学习 第3期.

蒋  平(2004), <零形回指的句法和语篇特征研究>, 上海外国语大学博士学位论文.

姜望琪(2006), <篇章与回指>,外语学刊 第4期.

焦建亭, 张必隐(2005), <汉语动词的隐含因果性对代词加工的影响>, 心理科学 第5期.

金顺吉(2009), <韩汉语人称代词对比研究>, 上海外国语大学博士学位论文.

廖小春(1994), <句子和语段理解中代词加工的研究>, 心理科学 第3期.

廖小春, 宋正国(1995), <动词语义和句子语法对代词加工的影响>, 心理科学第4期.

廖小春(1996), <句子语义、代词和先行词的距离对代词加工的影响>, 心理科学 第2期.

刘金玲, 林莉(2004), <现代汉语称谓语及其社会动因>, 莱阳农学院学报1期.

李从禾(2010), <语篇中第三人称名词性回指的认知考察>, 夏旦外国语言文学论丛 第1期.

李红英, 王倩(2006), <从权势关系看英汉第二人称代词演变>, 湖北职业技术学院学报 第4期.

毛 悦(2003), <影响汉语第二人称代词使用的社会文化因素>, 北京语言文化大学 硕士学位论文.

毛 悦(2010), <外国留学生使用汉语第二人称代词情况研究>, 社会科学论坛 第4期.

朴锦海(2010), <汉韩礼貌表达对比>, 延边教育学院学报 第3期.

秦洪武(2001), <第三人称代词在深层回指中的应用分析>, 当代语言学 1期.

孙燕 等(2001), <动词隐含因果性对代词加工的影响>, 心理科学 第1期.

田海龙(2001), <"我"、"我们"的使用与个人性格>, 语言教学与研究第4期.

王灿龙(1999), ≪现代汉语照应系统研究≫, 中国社科院 博士学位论文.

王丹, 杨玉芳(2004), <语篇中代词指代的研究进展>, 心理科学 第6期.

王德亮(2006), <汉语长距离回指的消解策略>, 中国计算技术与语言问题研究——第七届中文信息处理国际会议论文集 2007, 10.

王红斌, 李悲神(1999), <汉语篇章零形回指习得过程的分析>, 烟台师范学院学报(哲社版)第2期.

王红梅(2008), <第二人称代词"你"的临时指代功能>, 汉语学习 第4期.

王克非(2002), <近代翻译对汉语的影响>, 外语教学与研究 第6期.

王穗苹, 莫雷, 肖信(2001), <篇章阅读中先行信息通达的若干影响因素>, 心理学报 第33期.

王 倩(2005), <从复合句零主语代词看汉英语言思维的差异>,安徽大学学报 5期.

王天华(2008), <第一人称指示语的非指示现象分析>, 黑龙江社会科学3期.

魏红华(2005), <当代书面汉语欧化语法现象分析>, 上海海事大学硕士学位论文.

温锁林, 宋晶(2006), <现代汉语称谓并用研究>, 语言文字应用 第3期.

肖奚强, 金柳廷(2009), <韩国学生汉语代词照应偏误分析>, 中国语文学志 第30期.

谢俊英(1993), <汉语人称代词"您"的变异研究>, 语文研究 总第49期.

谢耀基(2001), <汉语语法欧化综述>, 语文研究 第1期.

徐开妍, 肖奚强(2008), <外国学生汉语代词照应习得研究>, 语言文字应用 第4期.

徐起赳(1990), <叙述文中"他"的话语分析>, 中国语文 第5期.

许余龙(2000), <英汉指称词语表达的可及性>, 外语教学与研究 第5期.

许余龙(2002), <语篇回指的认知语言学探索>, 外国语 第1期.

杨 宁(2010), <汉语零形回指:基于话题的分析>, 华南师范大学学报 第6期.

曾立英(2008), <影响"零形回指"的结构因素>, 湖北大学学报 第3期.

曾卫军(2007), <人称代词的虚化及其语法化解释>,湖南城市学院学报2期.

曾竹青(2000), <英汉第三人称代词回指话语分析>, 湘潭大学社会科学学报 第3期.

张爱民(2001), <现代汉语第二人称代词人称泛化探讨>, 徐州师范大学学报 第1期.

张春泉(2005), <第一人称代词的虚指及其心理动因>, 浙江大学学报 3期.

张桂宾(1998), <省略句研究述评>, 汉语学习 第1期.

张俊阁(2010), <近代汉语第二人称代词"您"的来源>, 聊城大学学报1期.

张立飞, 董荣月(2008), <从认知语法看现代汉语第三人称代词的回指功能>, 解放军外国语学院学报, 第3期.

张 宁(2009), <人称代词视角的选择与礼貌取向>, 外语学刊 第4期.

张文贤, 崔建新(2001), <汉语口语对话语体零形回指用法再思考>, 天津外国语学院学报 第3期.

赵冬梅, 刘志雅(2006), <篇章阅读中影响回指推理的因素>, 心理科学 5期.

赵宏, 邵志洪(2002), <英汉第三人称代词语篇照应功能对比研究>, 外语教学与研究 第3期.

赵 敏(1995), <从"您"的历史轨迹看"您们"的使用>, 广西师院学报1期.

周国正(2005), <书面语篇的主题串连与省略>, 上海大学学报 第6期.

周筱娟(2003), <"您"的非敬称惯性用法>, 修辞学习 第6期.

周治金 等(2001), <指代者对其先行词可提取性的影响>, 心理学报 第3期.

朱勘宇(2002), <汉语零形回指的句法驱动力>, 汉语学习 第4期.

诸同镐(2004), <汉语韩语中敬语和表尊敬代词的比较>, 陕西师范大学学报 第6期.

Almor, A (1999), Noun-phrase Anaphora and Focus : The Informational Load Hypothseis. *Psychological Review*, 106.

Gernsbasher,M.A.(1989), Mechanisms that Improve Referential Access. *Cognition*, 32.

Gordon, P.C. & Chan, D.(1995), Pronouns, Passives, and Discourse Coherence. *Journal of Memory and Language*, 34

Gordon, P.C., Hendrick, R., Ledoux, K., & Yang, C.L.(1999), Processing of Reference and the Structure of Language : An Analysis of Complex Noun Phrases. *Language and Cognitive Processes*, 14.

Klin, C.M., Weingartner, K.M., Guzman, A.E., &Levine, W.H. (2004), Readers' Sensitivity to Linguistic Cues in Narratives : How Salience Influences Anaphora Resolution. *Memory and Cognition*, 32.

## 2. 단행본

강영임(2005), ≪한국어 담화와 생략≫, 이화문화사.

김미형(1995), ≪한국어 대명사≫, 한신문화사.

남기심, 고영근(1993), ≪표준국어 문법론≫, 탑출판사.

목정수(2003), ≪한국어 문법론≫, 월인.

박영순(1993), ≪현대 한국어 통사론≫, 집문당.

이광규(2002), ≪학교 문법론≫, 월인.

이익섭, 채완(1999), ≪국어문법론강의≫, 학연사.

이익섭, 이상억, 채완(1997), ≪한국의 언어≫, 신구문화사.

이정복(2002), ≪국어 경어법과 사회언어학≫, 월인.

AZUMA SHOJI(东照二, 2001), ≪사회언어학≫, SUZUKI JUN(铃木润), 박문성 옮김, 보고사.

陈松岑(1985), ≪社会语言学导论≫, 北京大学出版社.

廖秋忠(1992), ≪廖秋忠文集≫, 北京语言大学出版社.

陆俭明(2003), ≪现代汉语语法研究教程≫, (김현철 등([2007]2008) 역, 중국어어법 연구방법론, 차이나하우스).

吕叔湘(1984), ≪汉语语法论文集≫, 商务印书馆.

吕叔湘(1999), ≪现代汉语八百词≫, 商务印书馆.

屈承熹(2006), ≪汉语篇章语法≫, 北京语言大学出版社.

王　力(1984), ≪王力文集≫第1, 2, 3, 7, 9, 11卷, 山东教育出版社.

王　力(1985), ≪中国现代语法≫, 商务印书馆.

徐大明, 陶红印, 谢天蔚(1997), ≪当代社会语言学≫, 中国社会科学出版社.

徐赳赳(2003), ≪现代汉语篇章回指研究≫, 中国社会科学出版社.

许余龙(2004), ≪篇章回指的功能语用探索≫, 上海外语教育出版社.

袁行霈(1999) 主编, ≪中国文学史≫ 第一卷, 高等教育出版社.

赵元任(1999), ≪语言问题≫, 商务印书馆.

祝畹瑾(1992), ≪社会语言学概论≫, 湖南教育出版社.

Barbara A. Fox(1987), *Discourse Structure and Anaphora : Written and Conversational English*. Cambridge University Press.

Cao Fengfu(1978), *A Functional study of Topic in Chinese : The First Step towards Discourse Analysis*. Taipei, Student Book Co..

Givón, T.(1983), *Topic Continuity in Discourse*. Amsterdam : John Benjamins Publishing Company.

Huang, Y.(2000), *Anaphora : A Cross-Linguistic Study*. Cambridge : Cambridge University Press.

Levinson, S. C.(1983), *Pragmatics*. Cambridge : Cambridge University Press.

Li & Thompson(1979), *Third-person pronouns and zero-anaphora in Chinese Discourse*.

Syntax & Semantics, Vol.12 : Discourse and Syntax. New York :
Academic Press.

Mira Ariel(1990), *Accessing Noun-phrase Antecedents*. London and New York :
Routledge.

Van Hoek, Karen(1997), *Anaphora and Conceptual Structure*. Chicago : The
University of Chicago Press.

## 3. 언어 자료 출처

≪2010년도 한국 대표 명 산문 선집≫, 한국문인, 2010.
≪그건, 사랑이었네≫, 한비야, 푸른숲, 2009.
≪올해의 우수소설, 2004≫, 한국소설가협회.
≪평사리문학대상 수상작품집, 2001-2007≫, 나남, 2008.
≪풍유비둔≫, 모옌 지음, 박명애 옮김, 랜덤하우스중앙, 2004.
≪한국 단편 소설 2≫, 살림, 2005.
≪当代北京口语语料≫, 北京语言文化大学, 1993.
≪邓小平论文学艺术≫, 作家出版社, 1999.
≪季羡林论人生≫, 当代中国出版社, 2006.
≪老舍文集≫, 人民文学出版社, 1981.
≪王蒙代表作≫, 人民文学出版社, 2002.
≪中国当代小说珍本≫, 陕西人民出版社, 1993.
≪中国话剧百年剧作选・第17, 18, 19卷≫, 中国对外翻译出版公司, 2007.
*Living History*, Hillary Rodham Clinton, Scribner International, 2003.

# 찾아보기

저자 **두염빙(杜艶冰)**

서울대학교 기초교육원 강의부교수. 중국의 북경대학교 중문과 졸업 후 북경대학
교 대외한어교육중심 대학원에서 석사과정을 마쳤고 서울대학교 중문과에서 박
사학위를 취득했다. 중국의 인민대학교 대외언어문화중심에서 전임강사로 재직하
다가 이후 한국의 충북대학교 중문과에서 객원교수를 역임한 바 있다. 현재는 서
울대학교에서 현대중국어 문법 연구와 중국어교육, 그리고 언어의 대조 연구에
많은 관심을 기울이고 있다. 주요 논문으로는 「서사체 텍스트 중 주어 생략 연구」,
「중국어의 명사조응, 인칭대명사조응 및 영조응」 등이 있다.

중국언어학연구총서 3

# 현대중국어 명사 주어의 조응 방식 연구

**초판 인쇄** 2014년 12월 22일
**초판 발행** 2014년 12월 31일

**지은이** 두염빙
**펴낸이** 이대현
**편 집** 이소희
**펴낸곳** 도서출판 역락
　　　　서울 서초구 동광로 46길 6-6 문창빌딩 2층
　　　　전화 02-3409-2058(영업부), 2060(편집부)
　　　　팩시밀리 02-3409-2059
　　　　이메일 youkrack@hanmail.net
　　　　등록 1999년 4월 19일 제303-2002-000014호
　　　　역락 블로그 http://blog.naver.com/youkrack3888
**ISBN** 979-11-5686-143-0 94720
　　　　979-11-5686-140-9 (세트)
**정 가** 15,000원

* 파본은 구입처에서 교환해 드립니다.